그리스도인의 삶과 믿음에 관한 탐구
하나님의 이야기, 우리의 이야기

미쉘 허시버거

박성열 유선금 옮김

Copyright ⓒ 2013 by Michell Hershberger

Original published in English under the title ;
　　GOD'S STORY, OUR STORY
　　　by Michele Hershberger,
　　　　　published by Herald Press(MennomeMedia),
　　　　　　1251 Virgina Ave., Harrisonburg VA22802-2434, USA.
All rights reserved.

Used and translated by the permission of Herald Press.
Korean Edition Copyright ⓒ 2015 Daejanggan Publisher. in Daejeon, South Korea.

하나님의 이야기, 우리의 이야기

지은이	미쉘 허시버거
옮긴이	박성열 유선금
초판발행	2015년 6월 17일
펴낸이	배용하
책임편집	배용하
등록	제364-2008-000013호
펴낸곳	도서출판 대장간
	www.daejanggan.org
등록한곳	대전광역시 동구 삼성동 285-16
편집부	전화 (042) 673-7424
영업부	전화 (042) 673-7424 전송 (042) 623-1424
ISBN	978-89-7071-350-2　03230

이 책의 한국어 저작권은 Herald Press와 독점계약한 대장간에 있습니다.
기록된 형태의 허락 없이는 무단 전재와 복제를 금합니다.

 값 9,000원

GOD'S STORY OUR STORY
EXPLORING CHRISTIAN FAITH AND LIFE

MICHELE HERSHBERGER

| 차례 |

옮긴이의 글 • 7
저자 서문 • 11
자 여기 앉아보세요 • 14

1장 태초에… • 23
하나님이 무대를 만드시다- 좋은 창조 ● 하나님의 형상을 따라 지음 받은 인간 ● 멀리 그리고 가까이 계시는 하나님 ● 인류의 문제 : 죄 ● 하나님의 심판과 하나님의 은혜

2장 하나님의 재창조 • 37
하나님이 사람을 택하다 ● 하나님의 섭리 ● 구원 ● 노예생활을 떠나다 ● 새로운 존재양식 ● 삶을 위한 좋은 규범 ● 거룩한 전쟁- 하나님이 대신 싸우다 ● 예배 ● 샬롬

3장 경쟁하는 신들 • 57
긴 여정으로서의 믿음 ● 다른 사람들처럼 되고자 하는 유혹 ● 우리가 성경을 보는 방식 ● 하나님만이 진실된 통치자이다 ● 심판은 또한 은혜이다 – 새로운 시작 ● 정결하지 않은 세상에서 정결함을 유지하기

4장 예수의 출현 • 75
 하나님이 인간의 형상으로 오셨다. ● 예수: 다른 종류의 메시아 ● 마음으로부터의 희년의 삶 ● 사람을 위한 좋은 소식, 심지어 원수들에게도 ● 말씀들, 행동들, 그리고 구원 ● 따르라는 부름

5장 완성된 미션 · 95
●예수: 정사와 권세에 대한 위협 ● 사랑, 섬김, 희생 ● 왜 예수가 죽었는가 ● 그리고 이것이 우리와 무슨 상관이 있는가 ● 왜 예수는 다시 살아났는가 ● 그리고 왜 이것이 중요한가

6장 성령의 움직임 · 113
교회가 태어나다 ● 한 하나님, 세 인격들 ● 하나님의 새로운 백성: 모든 사람이 초대되었다 ● 회심 ● 우리 삶에 일어나는 하나님의 간섭

7장 하나님의 이야기, 나의 이야기, 우리의 이야기 · 129
하나님은 우리가 있는 곳에서 우리를 만나신다 ● 구원-또 다른 시선 ● 이야기에 예라고 말하기(그리스도인이 되는 단계들) ● 침례 ● 하나님의 백성인 교회에 참여하기 ● 주의 만찬-성찬

8장 이야기 속에서 살기 · 151
그리스도인의 삶에 "물주기" ● 영적 훈련들 내적인 삶 ● 외적인 삶 ● 좋은 소식을 나누기 ● 영적 은사들을 활용하기

9장 나머지 이야기 · 169
세기를 이어온 교회 ● 아나뱁티스트 ● 오늘의 메노나이트 ● 아나뱁티스트와 다른 그리스도인들의 차이 ● 이야기의 마지막 ● 이야기는 우리의 삶을 통해 계속된다.

메노나이트 신앙고백 요약문 · 201
더 읽을 거리 · 207
연대표 · 207

옮긴이의 글

박성열 | 원천침례교회 목사

처음 이 책을 만난 것은 지금은 고인이 된 클라센J.M Klassen을 통해서입니다. 그는 내게 좋은 멘토였고 친구였습니다. 그는 아나뱁티스트를 알고 싶어 캐나다로 찾아간 나에게 흥분을 감추지 못하며 자신이 읽어본 책 중에 아나뱁티스트를 소개하는 가장 좋은 책이라고 말했습니다. 처음에는 하워드 요더의 책같이 깊이 있는 신학 책이 아니라 큰 기대를 하지는 않았습니다. 그러나 지금은 그 어떤 책보다 이 책의 중요성에 대해 강조하고 싶습니다.

사람들과 대화하다 보면 자신의 관점에 의해 복음을 축소하는 경우를 종종 보게 됩니다. 인간이라는 한계는 분명 이런 어려움을 우리에게 줍니다. 그리고 그것은 우리에게 안정감을 주는 요소가 되기도 합니다. 그러나 우리는 이런 사실을 이해할 뿐 아니라 복음서를 통해 드러난 예수의 관점과 성경 전체를 통해 흐르는 하나님 나라의 관점에서 우리의 신앙적 사고를 계속 성찰하고, 우리를 뛰어넘는 하나님의 성품과 사역을 이해하기 위해 노력해야 합니다. 마치 자신의 신학적, 신앙적 사고 속에 하나님을 가두려는 생각은 일찌감치 내려 놓아야 합니다.

신앙의 처음 입문의 단계를 걷고 있는 사람들에게 역자는 먼저 성경의 이야기 속에 깊이 잠겨 그 이야기가 나의 신앙의 줄거리를 형성하도록 격려하고 싶습니다. 처음 신앙을 갖게 되는 동기는 다양할 수 있고, 우리의 상황에서는 대개 특정 구절

중심의 고백이 신앙의 출발을 이룹니다. 그러나 거기에 머물지 말고, 하나님의 선하시고 온전하신 뜻이 무엇인지 분별하고, 그리스도의 제자로서 살아가는 길을 걷는 것을 멈추지 말아야 합니다.

이 책은 이런 걸음을 걸어가기를 원하는 사람에게 더 없이 좋은 안내서가 될 것입니다.

첫째, 신앙은 무엇보다 관계 중심적이어야 합니다. 신앙은 외우고 지켜지는 것이 아니라 먼저 살아계신 하나님과의 친밀한 교제입니다. 이 책은 이런 관계를 지속적으로 강조하고 있을 뿐 아니라 하나님이 우리를 뛰어넘는 분이시지만 우리와 함께하시는 분이심을 강조하고 있습니다.

둘째, 신앙은 예수를 통해 보여진 하나님의 성품을 닮아가는 것입니다. 신앙의 훈련 없이 지식만으로 장성한 그리스도인이 될 수 없습니다. 많은 훈련이 있지만 아나뱁티스트의 기여점은 바로 공동체적 시각입니다. 신앙훈련은 공동체 안에서 상호간의 작용 속에서 훈련되어야 합니다. 교회는 우리 신앙의 핵심입니다.

셋째, 신앙은 개인을 뛰어넘는 우주적인 하나님의 사역에 동참하는 것입니다. 하나님의 나라는 지금이기도 하지만, 이미 시작되었고 아직의 세계입니다. 그 한 가운데를 살아가는 평범한 그리스도인인 우리는 어떻게 살아갈 것인가? 하나님의 나라에 우리는 어떻게 기여하며 살아갈 수 있을까? 실패한 것 같이 보이는 세상을 보며 우리는 무슨 희망을 가질 수 있을까? 예수, 그리고 믿는 우리는 이런 곤경에 처한 세상에 해답이며, 안내자이며, 희망입니다.

넷째, 복음은 총체적인 것입니다. 복음은 개인적인 것이며, 영적인 것이며, 물질적인 것이며, 관계적인 것이며, 이 모든 것이기도 합니다. 복음은 한 영역으로 축소될 수 없습니다. 우리가 성경을 이야기를 통해 전체를 보아야 하는 이유가 여기에 있습니다.

다섯째, 성경은 다양한 시각을 가지고 있습니다. 그러나 그 안에서 우리는 통일된 시각을 견지할 필요가 있습니다. 여기서 우리는 선택의 기로에 놓이게 됩니다. 이 선택이 중요한 이유는 그 결과가 너무도 다른 열매를 맺기 때문입니다. 아래에 인용하는 본문의 예는 이런 사실을 잘 설명해 줍니다.

"우리가 구약에 있는 이야기들을 어떻게 보는가는 우리가 예수를 어떻게 바라보며 그리스도인으로서 어떻게 믿고 행동하는가에 많은 영향을 끼친다. 만약 군주제가 하나님이 정말 원하신 것이었다고 생각한다면 우리는 군사를 거느린 왕으로서의 예수를 강조하는 경향성을 갖게 될 것이고 이는 쉽게 하나님과 부, 국가 등을 결합한 믿음을 합리화하도록 할 것이다. 하지만, 광야의 삶을 좀 더 이상적으로 본다면 우리는 좀더 쉽게 예수를, 모든 사람이 하나님을 따르고 그분 안에서 어느 나라도 더 뛰어나지 않은 평화의 공동체를 회복하시기 위해 종의 몸을 입고 오신 섬김의 왕으로 받아들일 수 있을 것이다. 하나님의 사람들은 재력이나 군사력이 아닌 하나님을 신뢰하는 가운데 비폭력적으로 문제들을 해결한다. 하나님의 사람들은 모든 사람이 평화를 갖도록 희년의 기준으로 살아가기를 자원한다."

기독교 특히 한국 기독교는 중대한 도전에 놓여 있습니다. 사회는 돈에 매몰되어 비인간화가 강화되고 있고, 많은 사회적 병폐들이 증가하고 있습니다. 그러나 교회는 이런 흐름을 거스르지 못하고 함께 사회적 경향에 깊이 매몰되어 있습니다. 그것이 혹시 우리가 이해해온 성서에 대한 잘못된 신학적 접근의 당연한 결과는 아닌지 생각해 볼 때 입니다.

이 책을 읽으며 역자가 발견하는 강점은 이 책이 성경의 다양한 시각을 무리 없이 소개해 주고 있으며, 강요하기 보다는 대화한다는 것입니다. 많은 신앙의 사람이 성경적인 답이 없어 보이는 신앙적 대화를 두려워합니다. 그러나 그것은 사람들의 두려움이지 하나님의 부재를 의미하지 않습니다. 우리가 성경을 통해 우리가 원하는 답을 얻지 못한다고 해서 성경에 문제가 있거나 하나님이 계시지 않거나, 하나님께 부족함이 있는 것은 더더욱 아닙니다. 우리가 우리의 마음을 열고 하나님의 광대하심과 지혜로우심에 귀를 기울이고 그 이야기에 참여한다면 하나님이 너무도 멋진 방법으로 우리의 의문들에 답하시고, 비록 답이 없어도 제자의 길을 묵묵히 걸어갈 수 있는 힘을 성령을 통해 주실 것입니다.

이 책은 아나뱁티스트적 시각 속에서 신앙을 갖는 다는 것이 무엇인지 소개해 주고 있습니다.

이것은 조금은 낯설고 지금까지 별로 주목받지 못했던 시각일수도 있습니다. 그러나 바라기는 낯설게 임하는 이 작은 교단의 성서 이해가 지금 우리가 직면하고 있는 신앙적 문제에 하나의 돌파구를 제공하는 체험을 가져오기를 소망합니다. 저는 이 책이 충분히 그런 역할을 할 수 있는 책이라고 믿습니다.

부족함 속에서도 한국 성도들에게 좋은 책을 소개하고픈 마음에서 번역을 시작하여 오히려 누를 끼치는 지도 모르겠습니다. 그러나 이 책을 통해 보다 총체적인 복음의 맛을 보고, 그리스도를 따르는 의미와 길이 무엇인지 조금이나마 더 이해할 수 있기를 소망합니다.

저자 서문

『하나님의 이야기, 우리의 이야기』는 지난 10년 간 여러 곳에서 침례를 향한 여정의 안내서로 사용되었습니다. 그래서 현재에 더 잘 어울리도록 책을 개정하려고 시작했을 때, 저는 매우 기뻤습니다. 저는 이 책의 초판을 평가하고, 검토해 준 모든 사람에게 감사를 표합니다. 또한, 2판을 준비하는 데 유용한 비평을 해준 모든 분께 감사합니다. 특히, 마리 앤 웨버에게 감사합니다. 그녀는 새로운 이야기를 모아주었습니다. 젊은 시각을 가진 앤드레아 피터스는 내가 본문을 새롭게 보도록 도왔습니다.

제가 진심으로부터 바라는 바요, 기도는 이 책이 사람들의 신앙이 자라는 데 활용되는 것입니다. 하나님의 이야기는 오래전에 그랬던 것처럼 지금도 적합합니다. 우리는 이 이야기에 참여하여, 우리 자신의 이야기로 받아들이도록 초대받았습니다. 이때 우리는 그리스도의 이미지로 변하는 문을 열게 되며 세상을 향한 그리스도의 사랑을 전하는 혈관이 될 것입니다.

침례를 위해 활용할 수 있는 자료가 되도록 이 책을 쓰는 작업은 저에게 큰 도전이었습니다. 하지만, 이것을 즐거운 경험으로 만들고 그 길을 밝혀준 분들이 있었기에 감사를 드리기 원합니다. 첫 번째로, 이 프로젝트를 처음 함께 시작했을 뿐 아니라 초고를 검토해 준 말린 크롭, 파머 베커, 루쓰 보엠, 셜리 부르바커 요더, 바이런 렘펠 버크홀더, 스티브 롭, 리자이나 샌즈 스톨츠퓨, 데일 셴크, 칼 스테피, 밥 요더, 그리고 에이프릴 야마사키에게 감사하고 싶습니다. 이 외에도 게리 브로저, 앤 캠피온, 에드윈 엡, 오마 마틴, 헨리 팻코, 게브리엘 플레너, 엘시 렘펠 등 많은 분들이 원고에 대해 자신들의 피드백을 제공해 주었습니다.

제가 감사하고 싶은 두 번째 그룹은 각 장에 대한 토론을 위해 매주 저를 만나주었던 그룹입니다. 마이크 멘데즈, 로젤라 웬델, 조쉬 파이퍼, 루크 하트만, 그리고 타라 허쉬버거를 향한 제 감사의 마음은 말로 다 표현할 수 없습니다. 이 신실한 친구들은 제가 계속해서 앞으로 나아갈 수 있도록 해주었고 매주 토요일 아침마다 하나님의 말씀을 저에게 전해주었습니다. 진정 이 책은 그들의 책이라고 해도 과언이 아닙니다. 원고를 읽고 나서 중간 이후부터 토론에 함께해 준 메리 심머링과 하이디 보세에게도 고마움을 전합니다.

헤슨 메노나이트 교회의 중고등부는 이 책의 좋은 부분과 부족한 부분을 이야기해주어 실제 현장에서 이 책이 점검되도록 해주었으며 이 책을 쓰는 과정에도 함께 했습니다. 하나님을 향한 그들의 열정을 지켜보는 것만으로도 미래의 소망을 품을 수 있었습니다.

편집자인 바이런 렘펠-버크홀더는 자신의 책임 이상으로 이 일에 헌신했습니다. 그는 지치지 않고 원고작업을 했으며 이 일을 그저 일로서가 아니라 사역으로서 감당했습니다. 진심으로 감사의 마음을 전합니다.

저는 또한 동료이자 저의 멘토인 메리온 본레거에게 진정 빚진 마음을 가지고 있습니다. 메리온은 이야기들을 하나로 엮도록 저를 도와주었습니다. 그런 면에서 이 책은 그의 책이기도 합니다.

    마지막으로 이 긴 시간을 저와 함께 해준 남편 델과 세 아이에게 감사와 사랑을 전합니다. 그들의 사랑과 지지가 있었기에 잠 못 들던 수많은 밤을 감사히 지나올 수 있었습니다.

자, 여기 앉아보세요…

제가 만약 당신에게 믿음에 관해서 즉, 하나님이 누구이시고 예수가 왜 이 땅에 오셨는지에 대해 이야기할 수 있는 단 한번의 기회를 갖는다면 저는 무슨 말을 해야 할까요? 당신이 예수를 알 수 있도록 도울 수 있는 오직 단 한 번의 기회가 나에게 주어진다면 나는 어떤 말들을 사용해야 할까요?

자 이제 우리는 인생에서 정말 중요한 것에 대해 이야기하려 여기 함께 모였습니다.

우리가 나눌 대화는 대단한 중요성을 가지고 있습니다. 그것은 당신 자신 안으로 향하는 여정이며 또한 하나님을 향하는 여정입니다. 이 여정은 또한 결국 우리를 다른 사람들에게로 인도하며 우리의 전 생애을 변화시키는 여정이 될 것입니다.

어떤 사람들은 이것을 믿음의 여정이라고 부르고 또 어떤 사람들은 이것을 인생에 대한 질문을 물어야 할 시점으로 봅니다. 많은 사람이 이 여정을 통해 지역 교회에서 침례를 받게 될 것입니다. 나는 이것을 하나님이 이 세상에서 일하시는 이야기를 만나는 만남으로 그리고 그 이야기를 가지고 우리가 무엇을 할지 풀어나가는 과정으로 봅니다.

탐색

인생에 대한 의문을 갖는 것은 잘못이 아닙니다.

오히려 그런 의문들은 매우 중요하고 우리는 그러한 것들을 이 책에서 다루려고 합니다.

우리는 모두 우리 인생의 의미가 무엇인지 그리고 어떻게 하면 삶 속에서 기쁨을 찾을 수 있는지 알고 싶어하지요. 그리고 오늘날 이 세상이 어딘가 철저히 잘못되었다는 것을 우리는 분명히 보고 있습니다. 무엇이 이러한 문제를 일으킨 것일까요? 도대체 무엇이 문제일까요?

북미에 사는 우리는 모든 물질적 풍족함을 누리는데도 왜 많은 사람이 행복하지 않은지 질문해야만 합니다. 특히 우리 사회에서도 가장 많이 가진 사람들 유명 연예인들의 자살률은 보통 평균적인 사람들의 4배 정도나 됩니다. 전체 평균수명이 72살인 것에 반해 모든 것을 가진 사람들 스포츠 스타들, 헐리우드 연예인들, 음악인들 의 평균수명은 겨우 56살밖에 되지 않습니다.

과연 무엇이 잘못된 것일까요? 인생을 대하는 사람들의 보편적인 태도–너 자신을 위해 살라, 인생에서 네가 얻을 수 있는 모든 것을 얻어내라, 최고를 추구하라–는 장기적으로 볼 때 우리가 기대하는 만큼을 우리에게 주지 않으며 우리는 모두 우리 자신 깊은 곳에서 그것을 알고 있습니다. 그렇다면, 정말 의미있고 우리에게 진정한 기쁨을 가져다주는 것은 과연 무엇일까요?

계속되는 탐색

저의 인생에 대한 질문의 수는 점점 늘어만 갑니다. 10년 전에 이 책이 처음 나왔을 때, 많은 일이 일어났습니다. 몇몇 연구자가 북미의 젊은이들과 그들의 신앙 간의 역동을 이해할 수 있는 중요한 공헌들을 발표했습니다.

크리스찬 스미스와 멜린다 런퀴스트 덴톤은 "영혼의 탐구"라는 책을 썼습니다. 그 책은 청소년들과 성인 그리스도인 사이에 있는 도덕적이고, 치유적이고, 신적인 하나님을 예배하는 트렌드에 대해 말하고 있습니다. 그들이 예배하는 신은 성경의 하나님과 약간 닮았을 뿐입니다. 우리도 그 트렌드의 일부인가요? 한 저자가 제시하는 문제 해결책이 매우 흥미롭습니다. 우리는 성경의 이야기 중에서 우리가 좋아하거나 이해할 수 있는 이야기들에만이 아니라 전체 이야기에 흠뻑 빠져야 한다는 것입니다. 이해하기 어려운 이야기를 건너뛰든지, 사라지지 않는 신비에 대해 움찔하지 말아야 한다고 합니다. 하나님은 우리가 문제에 빠질 때 시중들라고 부르는 하인이 아닙니다. 하나님은 우리가 함께하고 공손하게 대하기를 원하시는 하나님 이상이십니다. 우리는 진짜 하나님에 대해 듣기에 충분할 정도로 성경이야기에 빠져 있습니까?

연구원인 챕 크락은 그의 책 "상처"에서 또 다른 트렌드를 밝혀냅니다. 더 많은 청소년이 그 어느 때보다 어른들로부터 버려졌다고 느끼고 있습니다. 버려짐은 성인들이 청소년들을 거부하거나 그들에게 너무 많은 것을 기대하거나 또는 단순히 청소년이 성인들이 필요할 때 함께해주지 않는 형태로 나타날 수 있습니다. 많은 청소년이 상처를 받고 있습니다. 최근 미국 메노나이트 연합회 청소년 회의에서 3,000명 이상의 청소년과 성인들이 모여 작은 메모지에 그들의 고통을 적어 제출했습니다: 중독의 고통, 깨어진 관계들, 수치심과 두려움…. 우리는 그들이 적은 것들에 대해 함께 기도했는데, 왜 이토록 많은 고통이 있는지 의아했습니다. 우리는 우리에게 친숙해 보이는 이미지에 맞게 하나님을 끼워 맞추려고 노력하고 있지는 않은지, 그런 노력이 우리가 느끼는 모든 고통과의 어떤 연관성이 있지는 않은지 생각해 봅시다.

기쁨의 이야기

제 가장 친한 친구 중 하나는 법적인 문제를 가진 아이들을 위한 사회복귀훈련소에서 일하는데 돈도 거의 못 벌고 아이들은 종종 그녀를 미쳐버리게 하곤 합니다. 그녀는 거기서 사법적 정의에 대해 상원의원에게 호소하는 것부터 훈련소 바닥을 걸레질하는 것까지 모든 일을 하지요. 그런데도 그녀의 얼굴에는 빛이 납니다. 물론 그녀도 때로는 지치고 재정적 문제 때문에 걱정 속에 빠지기도 합니다. 하지만, 다시 훈련소 바닥을 열심히 걸레질하고 나면 그녀의 얼굴은 또 환해지곤 합니다. 그녀는 빛을 뿜어내지요.

이것이 의미하는 것은 무엇인가요? 당신이 어떤 사회적 서비스 시설에서 일하면 진정한 행복을 얻을 수 있다는 얘기인가요? 아니면 이 이야기에는 그 이상의 무언가가 있는 것일까요? 저는 모든 대답을 가지고 있지는 않습니다. 하지만, 이 이야기 안에 가장 중요한 대답이 흘러나오는 원천이 있음을 저는 확신합니다. 그리고 그 원천은 바로 하나님입니다. 우리가 예수 그리스도를 통해서만 진정으로 알고 만날 수 있는 그 하나님. 어떻게 그걸 아느냐고 묻고 싶으시겠죠? 글쎄요. 저는 이것을 과학적으로 증명해 보일 자신은 없습니다. 그리고 이것은 논리만으로 이해할 수 있는 것도 아닙니다. 그러나 저는 압니다. 저는 이야기를 통해 하나님과 예수를 만났습니다. 성경에 쓰여있는 하나님의 이야기…역사 속의 수천 수백만의 사람처럼 나도 그 이야기에 '예' 라고 대답했고 그 이야기를 나의 이야기로 받아들였기 때문이지요.

이 책은 그 이야기 속으로 들어가는 여정입니다. 우리는 흑백으로 가르는 진리 선언이나 인생에 대한 질문이 아닌 성경의 이야기로 이 여정을 시작할 것입니다. 우리가 그 이야기 속에 들어가고 참여하다 보면 인생에 관한 질문들은 자연스레 떠오를 것입니다. 그 이야기는 심지어 우리 안에서 그 질문들을 이끌어내고 우리가 그것을 빚고 다듬도록 도와줄 것입니다.

대화로 풀기

이 책은 또한 여러 명의 참여자가 함께 나누는 대화의 장이기도 합니다. 당신, 나, 그리고 제가 앞으로 잠깐 소개할 몇 명의 사람들, 그리고 무엇보다도, 성경 자신이 가장 중요한 참여자이지요. 우리는 이 마지막 참여자의 말을 우리가 온전하게 들을 수 없다는 것을 솔직히 인정해야 합니다. 그 누구도 성경에 대해 완전하게 객관적일 수는 없습니다. 모든 사람은 성경을 자신이 속한 문화와 경험이라는 각자의 안경을 끼고 볼 수밖에 없습니다. 우리는 그것에 대해서도 이야기를 나눌 것입니다. 그러나 어쨌든 성경은 우리의 가장 중요한 대화상대가 될 것입니다.

또 하나의 대화상대는 아나뱁티스트/메노나이트 교회들, 더 큰 교회들, 더 오래된 교회들, 세계적인 교회들 등등 즉 교회입니다. 성경과 함께 교회, 역사 그리고 경험들도 분명하게 할 말이 있을 것입니다.

앞으로 있을 대화에 제 친구들 몇 명을 초대했습니다. 우리는 서로 정직하게 대화할 수 있도록 도울 것입니다. 하지만, 우리 대화는 흥미롭고 재미있기도 할 것입니다.

자 이제 친구들을 소개하겠습니다.

타라 저는 15살이고 고등학생이에요. 우리 가족은 이사를 많이 다녔어요. 그게 너무 힘들기도 했지만 어쩌면 제 인생에 좋은 것일 수도 있겠죠. 저는 꽤 어렸을 때, 그러니까 9살 때 침례를 받았어요. 지금 생각하면 그때 내가 뭘 하는지 알고나 있었을까 궁금해요. 하지만, 전 이것만은 알아요. 무언가 일어났어요. 어떤 좋은 일이요. 그리고 그건 실제였어요. 그런데 지금은… 사실 의문이 많아요. 전 정말 저의 믿음이 좀 더 성숙한 다음 단계로 나아갔으면 좋겠어요.

마이크 저는 20살이고 믿음에 관해서 많은 생각을 합니다. 고등학생이었을 때 사람들이 저에게 와서 제가 오늘 밤 죽으면 지옥에 갈 거라고 말했어요. 글쎄요…잘 모르겠지만, 그때 저의 마음이 믿음에서 조금 멀어진 듯 합니다. 그 이후론 일종의 무신론자로 지냈습니다. 저는 대학에 갔고 공부 때문에 정말 힘들었고 술을 많이 마시게 되었습니다. 결국, 몇몇 과목을 중도에 포기할 수밖에 없었습니다. 그러다 이곳 메노나이트 대학에서 성경과목을 듣게 되었는데 정말 좋았습니다. 많은 것을 배울 수 있었고 앞으로도 더 배우고 싶은 마음이 듭니다.

로젤라 저는 오랜 세월을 기독교인으로 살아왔어요. 지금 저는 83살이고 남편은 여러 해 전 이미 이 세상을 떠났지요. 한동안 저는 과연 내가 혼자 살아갈 수 있을지 자신이 없었어요. 하지만, 하나님은 친구들과 목사님, 가족들을 통해서 제가 그 시간들을 지나가도록 도우셨습니다. 정말 그 따뜻한 마음과 선행들을 어떻게 갚을 수 있을지 모를 정도였습니다. 그래서 이후 저는 사람들을 돌보는 사역에 참여하였는데 제가 맡은 주된 일은 식품 저장실을 책임지는 것이었습니다. 당신은 아마도 사람들이 얼마나 많은 필요를 가지고 있는지 믿지 못할 거에요. 그 필요가 단지 음식이 아닐 때도 정말 많지요. 그들은 따뜻함과 배려의 마음을 원합니다.

루크 저는 33살이고 대학에서 가르치며 코치직을 겸하고 있습니다. 제가 태어난 지 7일째 되었을 때 저의 부모님은 가족들이 모두 백인인 가정에 다른 인종 아이인 저를 입양하셨습니다. 목사 자녀로 행복한 아동기를 보냈지만, 이제 저는 제가 그저 가족들의 뜻을 별생각 없이 따랐을 뿐이라는 생각이 듭니다. 성인이 된 지금 저는 믿음에 대해 많은 질문이 있고 이런 상황 자체가 불안정하고 불편합니다.

조쉬 저는 올해 18살입니다. 저의 부모님은 좋은 기독교적 환경 속에서 저를 기르셨고 저는 항상 교회에 갔습니다. 최근 하나님은 저에게 좀 더 실제적으로 다가오셨고, 이 세계가 가진 문제들도 한층 현실적으로 다가왔습니다.

메리 저는 이제 13살이고 여기서 제일 막내예요. 하지만, 제가 가지고 있는 최고의 질문들을 들어보시면 제가 어리다해도 절 무시하지 못하실 거에요. 저는 소프트볼 게임하는 걸 특히 좋아하구요. 밖에서 하는 활동들을 모두 좋아해요. 저는 시들도 많이 쓴답니다.

우리와 함께 해요

믿음에 대해 함께 토론하고 또 그 믿음대로 살아가려고 노력하는 가운데 우리는 여러분도 우리의 대화에 함께하도록 초대하기 원합니다. 우리는 또한 여러분이 아주 중요한 어떤 일을 하기를 원하는데 그것은 바로 이 세상과 당신의 삶 가운데에서 일어나는 하나님의 역사라는 끝이 없는 드라마, 그 이야기 속으로 들어오라고 하는 것입니다. 당신은 이 이야기를 지식적으로 알 수 있고 설명할 수도 있으며 여러 가지 각도에서 분석할 수도 있을 것입니다. 하지만, 진정한 만족은 오직 그 이야기를 당신의 것으로 받아들이는 데에서 올 수 있습니다. 예수에 대해서 아는 것은 예수를 알고 그를 따르며 당신을 위해 이 땅에 사셨고 죽으셨으며 다시 살아나셔서 이제 영원히 살아계신 그분과 날마다 관계를 함으로 삶이 변화되는 것과는 다릅니다. 이 책은 바로 이것에 관한 책입니다. 자 그러니 이제 여기 앉아 차 한잔하며 이야기를 함께 나눠보는 게 어떨까요?

*자 여기에 앉아요
차 한잔 마시며
이야기해 볼까요.*

1장의 주제들

- 하나님이 무대를 만드시다 – 좋은 창조
- 하나님의 형상을 따라 지음 받은 인간
- 멀리 계시면서도 여기 가까이 계시는 하나님
- 인류의 문제 : 죄
- 하나님의 심판과 하나님의 은혜

주요 이야기

창조

아담과 하와

바벨탑

1. 태초에…

성경은 하나님이 세상의 창조자라는 사실을 비중 있게 다룬다. 성경은 어떤 신적 존재가 의도와 사랑을 가지고 세상이 존재하도록 부른 사건으로 시작한다.창1-2장 이런 사실은 우리가 과학에서 배우는 것과 매우 다른 이야기이다. 과학은 세상이 비인격적으로 우연히 생겼다고 말한다. 성경의 창조 이야기는 다른 고대 창조 이야기와도 사뭇 다르다. 고대 창조 이야기의 신들은 세상을 폭력으로 창조했다. 우리 그리스도인들은 하나님이 말씀으로 세상을 창조했다는 사실을 믿음 안에서 확신한다. 우리는 하나님이 아름답고 완벽한 세상을 창조했다고 믿는다.

하나님이 지으신 그 모든 것을 보시니 보시기에 심히 좋았더라.창1:31

일부 고대 종교는 자연을 신성한 것으로, 하나님의 일부로 여겼다. 반면 어떤 이들은 물질계는 타락했고 구할 가치가 없다고 여겼다. 그러나 성경의 하나님을 믿는 고대인들은 인간을 포함한 창조가 매우 가치 있다고 이해했다. 그것이 사실이라면 우리는 우리 몸과 모든 자연을 다루는 방법에 변화가 있어야 한다. 우리는 하나님이 선하게 만드신 것을 돌볼 책임이 있다. 그러나 우리 몸은 하나님이 아니다. 그것은 거대한 상록수가 하나님이 아닌 것과 같다. 자연은 그것이

> 만약 당신이 자신을 포함해 하나님이 창조하신 모든 것의 선함을 믿기로 선택한다면, 당신의 삶은 어떻게 다를까요? 당신이 다른 사람들을 대하는 태도에 어떠한 영향을 미칠까요?

산맥이건 나무건 우리의 몸이건 경배의 대상이 아니다. 그것이 성경이 우상숭배의 죄에 대해 크게 다루는 이유이다. 출20:4-6; 49쪽을 보라.

인간은 하나님의 형상으로 만들어졌다. 하나님은 자연과 물질계를 선하게 창조하셨기 때문에, 우리 몸은 선하게 창조되었다. 그뿐 아니라 인간남녀은 하나님의 형상으로 창조되었기에 특별하다1:26-27 인간은 동물과는 달리 느끼고 생각하며 하나님처럼 자유 의지가 있다. 하나님처럼 우리는 영적 존재이다. 하나님은 인간에게 지구를 다스리고 돌봐야 할 책임을 주셨다.

하나님의 초월성과 내재성친밀성. 창세기 1-2장은 두 개의 창조 이야기를 보여주는데, 여기서 우리는 두 개의 다른 하나님의 모습을 볼 수 있다. 1장의 하나님은 전능하시며 높은 분이시다. 하나님이 말씀하실 때 세상은 창조되었다. 이것은 하나님의 초월성을 보여준다. 그분은 우리를 초월하고 신비로우며 경외감을 느끼도록 하는 하나님이기에 예배 이외에 다른 반응이 우리에게서 나올 수 없다.

하나님의 형상대로 지음 받았다는 것은 무슨 뜻일까?

마이크: 그건 말이죠…. 나는 살아있어서, 생명이 있어서 기쁘다는 뜻이죠.

타라: 하나님은 실패작은 안 만드셔요.

로젤라: 우리 각자 한 사람 한 사람은 독특하고 특별하며 아름답지… 그건 하나님 안에서 우리가 누구인가 하는 것 때문이야.

마이크: 하지만, 하나님은 왜 우리를 완벽하게 만들지는 않으셨죠? 하나님은 왜 우리에게 망칠 수 있는 능력까지 주신 걸까요?

루크: 저는 선택이라는 아이디어가 마음에 듭니다. 내가 언제나 더 좋은 선택을 하는 건 아니지만 말이죠.

조쉬: 선택의 자유라는 것이 바로 인간을 인간답게 만들어주는 것 아닐까요? 하나님은 사람들이 자신이 어떤 것을 선택했기 때문에 그것에 더 책임을 갖기를 원하신다고 생각해요.

로젤라: 난 하나님의 형상대로 만들어졌지만 선택할 능력은 없다는 게 과연 가능하기나 한 일인지 모르겠어…

2장의 하나님은 다르게 나타난다. 하나님은 가깝고 관계적이신 분이다. 하나님은 땅 위를 걸으시고, 흙으로 사람을 빚으시기 위해 몸을 굽히시는 분이다. 이 두 이미지는 서로를 보완한다. 우리는 높으신 하나님과 인격적인 하나님 모두를 필요로 한다. 사6:1-11 하나의 하나님에 대한 이미지나 창조 이야기가 모든 것을 담을 수 없다. 하나님은 가깝고 인격적이며 개인적이신 동시에 멀리 계시고 우리의 지식 너머에 계시는 분이시다.

> 친근하고 인격적인 하나님과 모든 능력에 뛰어나며 신비로운 하나님 중 당신은 어떤 하나님에 더 편안함을 느끼나요?

루크: 가끔 사람들이 "인간의 본성은 악하다"라고 말하는 걸 들으면 저는 조금 불편해집니다. 우리는 스스로 사람들이 더 인간위지도록 도와주기를 선택할 수도 있고 아니면 사람들을 더 비인간적이 되도록 할 수도 있는 것 아닐까요? 진정한 인간이 된다는 것은 하나님처럼 사랑한다는 것이고 예수처럼 된다는 것이라고 생각합니다.

타라: 저는 "지배권"이라는 말이 남자가 여자에 대해 지배권을 가진다는 의미로 들렸어요. 이건 말도 안 되는 소리여요. 남자와 여자는 모두 하나님의 형상대로 창조되었는데 말이죠.

루크: 하나님은 남자일까요? 저는 아니라고 생각합니다. 하나님이 백인이나 흑인이 아닌 것처럼 말이죠. 하나님은 그 모든 것을 뛰어넘는 분입니다.

타라: 하나님은 긍휼의 하나님이지만 경외의 대상이기도 하죠. 성경의 이야기를 보세요. 사람들이 무언가를 잘못하면 하나님은 선지자를 보내서 그들이 그들의 자손들과 함께 죽게 될 거라고 말씀하세요. 으시시하죠.

마이크: 많은 사람이 하나님은 긴 하얀 머리를 하고 황금보좌에 앉아 그 손으로 마술을 부리는 존재로 상상하지요. 하지만, 하나님은 그 이상의 존재입니다. 성경에서는 하나님은 영이라고 말씀하고 있어요.

조쉬: 저는 하나님이 전능하신 능력의 하나님이심에도 불구하고 우리 한 사람 한 사람과 개인적인 차원에서 함께 하기 원하시는 분이라는 사실이 참 좋아요. 인간인 우리는 헤아리기 어려운 일 중 하나이지만 하나님은 하나님이시기에 가능하시죠.

마이크: 하나님은 마치 끝까지 셀 수 없는 숫자 같네요.

천지창조—미켈란젤로

인간에게 하나님은 신비의 대상이지만 우리는 그리스도를 통해 하나님을 안다. 두 창조이야기는 하나님에 대한 첫 번째 역설을 제공한다 : 알 수 없고 초월하지만, 가깝고 개인적인 하나님. 예수는 이 역설을 이어간다. 그는 모든 영광을 소유한 완전한 하나님이지만 인간의 아기가 되었다고 우리는 믿는다. 요한복음은 말씀이 육신이 되었다고 선포한다. 그것은 그분이 나와 당신 같은 사람이 되었다는 말이다. 이런 사실은 우리의 이해를 넘어서는 것이다. 예수는 땅 위를 걸었고 고통을 느꼈으며, 배고팠고 죄에 대한 시험을 받았으며 농담을 하고 웃으셨다. 알 수 없던 것이 예수를 통해 알 수 있는 것이 되었다. 우리에게는 얼마나 놀라운 선물인가?

그리스도인은 하나님의 전지전능하심, 무소부재하심 등을 이야기한다. 그러나 이것만으로는 하나님에 대한 온전한 설명이 될 수 없다. 예수 안에서 전능하신 분이 이 땅에 오셔서 거절당하고 저주받고 채찍에 맞고 결국 십자가에 달리셨다. 전능하심과 죽기까지 순종하는 사랑의 결합은 다른 어떤 종교에도 없다.요일4:8 우리를 원하지 않아도 되고 우리와 함께하려고 이 땅에 오지 않아도 되었을 전능하신 분이 우리와 관계를 맺으려고 오랜 길을 걸으셨다.

> 하나님과 관계를 맺는다는 것은 **무슨 의미일까요?** 그것은 하나님에 관한 일련의 명제들에 단순히 '네, 그렇습니다' 라고 대답하는 것과 어떻게 다를까요?

> 역설 : 하나의 진리를 드러내는 대조적인 서술.
> 성경은 하나님을 설명하기 위해 역설과 은유를 사용하는데 이는 그렇지 않으면 하나님을 설명하기가 너무 어렵기 때문이다

하나님은 어떤 모습일까?

성경은 우리에게 하나님을 묘사해 주기 위해 수십 가지의 은유를 사용하고 있다. 그 중 세 가지를 소개해 보도록 하겠다.

- 암탉눅13:34
- 전사시편3편; 44쪽 참조.
- 목자시편23편; 시80:1

물론, 하나님은 어떠한 비유로도 설명될 수 없는 분이다. 우리가 하나님을 어떤 것에 비유할 때마다 우리는 그분을 상자 안에 집어넣는 위험을 무릅쓰는 것이다.사40:18-31; 롬11:33-36 예를 들어, 창세기 3장 8절은 하나님이 에덴동산을 거니시는 것으로 묘사하고 있다. 하지만, 문자적으로 하나님이 발이 있다고 생각할 수 있을까? 아니면 단지 창세기 기자가 인간의 언어로 설명할 수 없는 어떤 것에 대한 우리의 이해를 돕기 위해 이러한 언어를 사용한 것일 뿐일까?

믿음 안에 살아가며

시작: 저는 믿음 안에 자라면서 '시작'이라는 것을 통해 하나님이 더욱 실재적인 분으로 저에게 다가왔음을 깨달았습니다. 새로운 것을 시작한다는 것은 흥분되는 일입니다. 그것이 새 책을 읽는 것이든 새 노래를 배우는 것이든 말이죠. 그리고 우리는 하나님이 시작의 일부이심을 압니다. 왜냐하면, 바로 그분이 지금 우리가 사는 이 세상을 창조하셨기 때문이지요. 우리는 이것을 창조에 관한 책인 창세기와 '태초에 말씀이 계시니라. 이 말씀이 하나님과 함께 계셨으니…'라고 시작하는 요한복음 1장 1절에서 확인할 수 있습니다. 제가 막 신앙에 첫발을 내딛고 이런저런 것들을 배우고 탐색해 가던 시기 저에게 이해할 만하게 다가왔던 것은 바로 하나님이 말씀으로 세상을 창조하셨다는 것이었습니다. 하나님의 영원한 말씀은 멀고 신비스럽게 느껴졌지만, 그 말씀 때문에 실행되는 것들은 매우 개인적이고 친밀하게 다가왔어요. 이러한 역설은 하나님이 우리와 매우 다른 분이면서도 또한 바로 우리와 같은 분이라는 것을 보여주지요. 이 모든 것이 제한된 인간의 관점에서는 대립적으로 보이지만, 모든 피조계가 어떻게 조화롭게 공존하는가를 보시는 하나님께는 매우 합당한 것임을 믿는답니다.

〈온타리오, 워터루, Max Kennel〉

하나님은 인간과의 관계를 원하신다. 17세기 그리스도인들의 믿음 고백인 웨스트민스터 신앙고백은 삶의 목적이 하나님께 영광을 돌리고, 그분을 영원히 즐거워하는 것이라고 말한다. 그러나 그뿐 아니라 성경의 처음 본문은 하나님이 우리와 관계를 맺고 함께 누리길 원하신다고 말한다. 창조이야기에서 우리는 관계를 향한 그분의 열망을 보게 된다. 주님이 동산을 거니시며, 아담과 하와와 대화를 나누신다. 하나님은 금지된 선악을 알게 하는 열매를 먹을지 말지에 대한 그들의 선택권을 허락하신다.2-3장 심지어 그들이 죄를 진 후에도 하나님은 그들을 찾아가 그들의 이름을 부르시고3:9 그들을 돌보신다. 간략히 말해 나머지 성경이야기는 이에 대한 이야기이다.

죄의 문제

성경 이야기 속에서 인간은 잘못을 범하고 하나님의 뜻에 반하는 선택을 한다. 이런 선택이 문제가 되었으며, 이것이 바로 이야기의 핵심이다. 그리고 그것이 죄이다. 성경은 인간의 죄의 문제에 대해 서로 다른 관점을 보여주는 4가지 이야기를 들려준다. 우리는 네개의 핵심적 관계 하나님과의 관계, 내적 자아와의 관계, 서로의 관계, 물질세계와의 관계가 깨어진 것을 보게 된다. 그리고 죄가 점점 복잡성을 띠어가고 점점 안좋은 상황으로 커져가는 것을 보게 된다.

Mosaic from Cathedral of Monreale, 13세기

하나. 하나님처럼 되려는 시도. 아담과 하와가 죄를 범한 이유는 하나님과 같이 되고 싶어서였다. 뱀은 선악을 알

게 하는 나무의 열매를 먹지 말라고 한 하나님의 명령에 반대했다. 뱀은 선악을 알게 하는 열매를 먹으면 하나님과 같이 될 것이라고 말했고3:5 그들은 자신들이 지혜롭게 될 것이라고 믿었다.3:6 어떤 의미에서 모든 죄는 하나님과 같이 되려는 시도이다. 살인은 하나님만이 할 수 있는 심판을 스스로 하려는 시도이다. 사람이 거짓을 말하는 것은 자신이 진리를 좌지우지하려는 시도이다. 시험에서 부정을 저지르는 것은 더 지혜로워 보이려는 시도라 볼 수 있다. 성경은 죄가 어디에서 근원 하는지에 대한 답을 제시한다. 그것은 외적 압력과 내적 욕망에서 온다. 아담과 하와는 뱀의 영향이라는 외적 압력과, 내적 열망에 의해 시험당했고 그 결과는 처참하였다. 그들은 하나님으로부터, 본향으로부터, 그리고 심지어 자기 자신들로부터도 단절되었다. 처음으로 수치를 느꼈고, 벗었음을 인해 숨었다. 땅도 저주를 받았다.창3장 두 번째 이야기에서 보는 것처럼 죄는 가족에게도 영향을 미쳤다.

둘. 폭력을 추구함. 아담과 하와의 아들 가인은 그의 형제 아벨에 대해 질투를 느꼈다. 가인은 아벨을 죽이고 첫 번째 폭력을 범했다. 그는 하나님과 다른 사람들에게서 단절되어 세상을 떠돌게 되었다.4:1-16

셋. 세상을 타락시킴. 곧바로 모든 인류에게 악이 가득하게 되었다.창

메리: 이제 전 마구 헷갈려요. 우리는 모두 하나님처럼 되려고 노력해야 한다고 생각했는데…

마이클: 우리가 모두 예수 그리스도의 장성한 분량에 이르기까지 자라감으로써 하나님의 사람들이 되도록 부름 받은 것은 맞아. 하지만, 마치 우리가 온 세상을 지배하고 통제하는 것처럼 행동한다면 우리는 죄를 짓게 되고 말 거야. 교만하게 되고 하나님께 속한 것을 우리 손안에 움켜지게 되지.

로젤라 : 예수는 자신이 하나님이셨음에도 불구하고 자신을 낮춰 인간이 되셨다는 사실이 놀랍고도 재미있지 않니? 그분은 하나님으로서 가질 수 있는 모든 특권을 내려놓으셨지. 우리는 우리 자신을 위해서 그러한 특권들을 움켜쥐고 싶어하는데 말이야.

6-9장 그래서 하나님은 홍수를 내어 지구 전체를 덮게 했다. 하나님께 은혜를 입은 노아는 방주로 홍수를 피했다. 오직 그와 그의 가족 그리고 피조물의 일부만 구원을 받았다. 이 이야기에서 죄는 인간 관계만 파괴한 것이 아니라 거의 모든 생물을 파괴했다.

넷. 소외. 문제는 여기서 그치지 않는다. 노아의 방주처럼 바벨탑사건은 온 인류와 관계된 것이다.창11:1-9 여기서 사람들은 자신의 이름을 내려고 탑을 건축하여 하늘에 이르기를 원한다. 주님이 사람들의 언어를 혼란케 하셔서 서로 다른 언어를 사용하게 되었을 때, 그들의 노력은 막다른 길에 다다랐다. 그들은 서로 이해할 수 없었다. 공동체는 파괴되었고 사람들은 서로 흩어지게 되었다.

이 모든 이야기를 통해 우리는 죄가 사람과 하나님 사이의 관계와 사람들 사이의 관계, 그리고 인간과 피조 세계 사이의 관계를 파괴하는 것을 보게 된다. 그것이 바로 죄의 문제이다. 이것이 매우 교묘한 것은 그 시작점이 우리가 관계를 파괴하려고 하는 것에 있지 않다는 것이다. 우리는 매우 교묘한 방법으로 하나님같이 되려고 한다. 이것은 처음과 마지막 이야기에서 분명해진다. 중간의 두 이야기에서는 폭력이 문제인데 아마도 우리 손으로 사람의 생명을 취하려는 폭력은 하나님이 되려는 우리의 시도 중 가장 극단적인 방법일 것이다.

진실과 결과들

로젤라: 죄란 무엇이 선한 것인지 알면서도 하지 않는 것이지.

타라: 죄는 악한 일을 하는 거예요. 하나님께 불순종하고 사람들에게 상처 주고…

루크: 저는 때때로 죄가 하나님과의 관계를 방해하는 걸림돌이 된다고 생각합니다. 다른 사람들과의 관계도 그렇고요. 저는 제가 죄를 지을 때 하나님이 저를 기뻐하지 않으시고 저에게서 멀어지신다고 생각하곤 했습니다. 하지만, 아담과 하와에게 하셨듯이 하나님은 저에게도 물으십니다. "루크야, 네가 어디 있느냐?" 제가 수풀 속에 숨어 있을 때 하나님은 제 뒤를 쫓으시고 저를 찾으세요. 저는 이것이 정말 좋습니다.

모든 것을 감염시키다

죄는 우리의 삶에 처참한 결과를 가져온다. 그러나 불행히도 많은 사람들이 이것에 대해 이야기하고 싶어하지 않는다. 우리는 히틀러가 얼마나 끔찍한 일을 저질렀는지는 말하고 싶어할지 모르나 학교에 새로 전학 온 아이에 대해 나쁜 말을 한 것이나 CD를 훔친 일에 대해서는 말하고 싶어하지 않는다. 반대로 이런 죄에 대한 이야기들은 죄가 관계를 파괴하는 것에 대해 분명한 그림을 그려주며, 죄가 인류에 미친 눈덩이 효과를 잘 보여준다. 때때로 우리는 가해자라기보다 피해자이다. 죄인이라기보다는 죄의 피해자이다. 때때로 우리는 가인이고 때로는 아벨이다. 때로 우리는 둘 다를 섞어놓은 무엇이다. 때로 우리는 외부의 힘에 엄청난 영향을 받고, 때로는 전적으로 우리 자신이 잘못을 저지른다. 그러나 한 가지 분명한 것이 있다. 그것은 죄가 우리 주변에 있고, 아주 다양한 방법으로 우리 안에 존재한다는 것이다.

> **죄가 당신의 삶에** 어떠한 영향력을 끼치고 있습니까? 죄가 관계를 파괴시키고 있나요? 도움을 구하기 위해 누구에게 가시겠습니까?
>
> **만약 하나님이** 세상을 통제하신다면, 그것은 마치 잘 기름칠 된 기계 같을까요, 아니면 사랑이 많은 부모의 통제 같을까요? 그리고 세상이 통제불능이 되어간다면, 그것에 대한 비난은 누구에게 돌아가야 하는 것일까요?

하나님의 형상으로 만들어졌다는 것의 한가지 의미는 자유 의지라는 선물이 우리 안에 있다는 것이다. 아담과 하와 그리고 우리 모두는 선택할 자유가 있다. 그리고 하나님은 우리에게 무엇을 하라고 강요하지 않으신다. 하나님은 우리가 사랑과 감사로부터 올바른 선택을 하기 원하신다. 이를 위해 선택할 자유를 주시고 악을 선택할 자유도 주셨다. 그래서 긴장이 있다. 하나님은 어떻게 마지막에 모든 것이 잘될 것을 보장하면서도 동시에 우리에게 선택할 자유를 주실 수 있을까? 하나님은 우리의 순종을 강요하지 않으시고 또 우리가 모든 것을 망칠 수 있는 권리를 주시면서도 어떻게 정의가 이기고 하나님의 왕국이 오게 하실 수 있을까?

죄는 모든 것을 망칠 수 있는 강한 힘과 능력이 있기 때문에 때때로 하나님께 순종하려는 우리의 선택을 매우 어렵게 만든다. 우리는 선택할 자유가 없는 것처럼 느낄 때도 있다. 악은 개인에게 영향을 미치고, 혼돈을 창조하며, 심적 고통과 관계의 파괴를 가져온다. 그러나 악이 모든 시스템의 일부라는 것도 사실이다. 그 시스템에는 국가, 기관, 제도, 심지어 작은 친구모임도 있다. 이것이 신약이 말하는 정사와 권세일 것이다. 고전2:6, 엡1:20-21, 골2:15

학창시절을 생각해보라, 질서를 파괴하고, 누가 멋있고 누가 그렇지 않은지를 나누고, 그룹에 속하려고 자신의 도덕성을 저버리는 일 등. 이런 것이 정사들이다. 그룹을 형성한다는 것 자체가 항상 악하다거나 그룹의 한 구성원이 야비하게 굴어서가 아니다. 그러나 선하거나 중립적으로 시작된 것이 추해질 수 있다. 죄의 능력은 처참한 결과를 가져올 수 있다.

심판이 은혜다. 이런 악의 엄청난 힘에 대해 하나님은 어떻게 반응하실까? 하나님은 은혜와 사랑으로 반응하신다. 하나님은 흰 머리카락에 엄한 모습으로 우리가 죄를 질 때마다 질책하기 위해 노려보시는 분이 아니다. 우리가 죄를 지을 때 부정적 결과가 따라오는 것은 사실이다. 그러나 이러한 결과는 오히려 우리가 하나님과의 관계로 돌아오도록 돕는다. 가인이 좋은 예이다. 가인은 자신의 죄 때문에 표를 가지고 세상을 방황해야 했다. 그러나 그 표는 아무도 그를 죽일 수 없다는 표였다. 홍수는 죄의 끔찍한 결과이다. 그러나 노아와 그의 가족은 구원을 받았고, 세상은

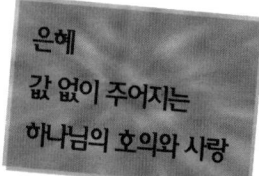
은혜
값 없이 주어지는
하나님의 호의와 사랑

새로 시작하기 위해 깨끗이 정리되었다. 사람들이 바벨탑을 지을 때, 그들은 자신들의 계획을 멈출 수밖에 없었다. 그러나 만약 그들이 계속 그 일을 진행했다면 어떤 일이 벌어졌겠는가? 인류역사 초기의 이러한 죄에 관한 이야기들은 바로 심판이 은혜라는 것을 말해준다.

죄는 그에 따른 문제를 가져오며, 심판을 동반하고, 그것은 어디에나 있다. 그러나 중요한 것은 죄의 능력보다 훨씬 위대한 하나님의 능력, 치유와 용서의 의지가 있다는 것이다. 이것은 우리를 창조의 모습대로 이끈다. 기억해야 할 것은 모든 삶의 중심에 문제와 해결 모두가 있다는 것이다. 만약 우리가 하나님을 대항해 지은 죄만을 문제시하고, 그 밖의 것들은 문제시하지 않는다면, 우리는 이야기 중에서 하나님과의 관계만을 다루는 일부분만을 강조하게 되는 것이다. 그리고 그렇게 되면 우리에게는 단지 예수를 믿느냐 믿지 않느냐를 결정하는 것만이 중요한 일이 되어버린다. 그러나 만약 문제가 관계들의 파괴라면, 하나님과의 관계의 파괴뿐만 아니라 다른 사람들, 자신, 피조물과의 관계의 파괴라고 생각한다면, 구원은 이런 모든 관계를 언급하고 치유하는 것까지 포함하게 된다. 51, 131-137쪽 참조

하나님은 죄가 만드는 이런 끔찍한 엉망진창의 혼돈을 이해하시고 계획을 세우고 계셨다. 우리는 다음 장에서 이 계획에 대해 더 이야기하게 될 것이다.

메리: 그건 마치 음주운전을 하고 감옥에 가는 것과 같아요. 알아요, 이건 심판이라는 걸. 하지만, 이것이 당신이 제정신을 유지하고 다른 사람을 죽이지 않을 수 있는 유일한 길이라면요?

이 장의 요약

- **하나님은 우주를 선하게 창조하신 창조자이다.** 비록 과학적으로 이것을 증명해 낼 수는 없지만 우리는 하나님이 모든 것을 창조했다는 것을 성경을 통해 믿는다. 우리는 창조된 세계는 선하며 특별히 인간남자와 여자은 하나님의 형상을 따라 지음 받았다고 이해한다.

- **하나님은 우리의 지식을 초월하시며 우리는 그분을 완전하게 알 수 없다.** 성경은 우리에게 창조에 관한 두 가지 설명을 제시한다. 이것은 두 종류의 창조가 있었기 때문이 아니라 하나님이 전지전능하신 분이면서도 동시에 인격적이며 친밀하신 분임을 설명하려는 방법이다.

- **죄는 우리와 하나님, 우리와 우리 자신, 우리와 다른 사람들 그리고 우리와 모든 피조물 사이의 관계를 파괴한다.** 단지 하나님의 마음을 아프게 하는 것에서 그치는 것이 아니라 죄는 관계를 다치게 한다. 죄는 여러 가지 형태를 띠며 어느 곳에서든, 개인에게도 전체 체계 안에도 존재한다. 때로 우리는 죄를 짓는 사람이 되며 때로 누군가의 죄 때문에 피해자가 되기도 한다.

- **심판과 은혜는 동전의 양면과 같다.** 우리는 죄에 대한 하나님의 심판이 악의에 찬 처벌이 아니라는 것을 성경의 처음에서부터 보아 알 수 있다. 그것은 언제나 우리를 하나님과 우리 자신, 다른 사람들 그리고 피조물과의 올바른 관계로 회복하시려는 하나님의 열망과 단단히 묶여 있는 것이다.

영성 훈련을 위한 과제

종이의 왼쪽 끝에 ㄱ부터 ㅎ까지 적어 놓고 각각의 자음으로 시작하는 말 중 하나님을 묘사할 수 있는 단어를 한 두 가지씩 써 본다. 예를 들면 다음과 같다.

ㄱ=거룩한, 고결한 / ㄴ= 눈부신, 놀라운 / ㄷ=다정한, 돌보는 등

2장의 주제들

- 하나님이 사람들을 택하다
- 하나님의 섭리
- 구원
- 노예생활을 떠나다
- 새로운 존재양식
- 삶을 위한 좋은 규범
- 거룩한 전쟁- 하나님이 대신 싸우다
- 예배
- 샬롬

주요 이야기

아브라함과 사라

모세

하나님이 이스라엘을 노예생활에서 구원하다

십계명

2. 하나님의 재창조

이모든 일 가운데 하나님은 어디에 있는가? 만약 죄가 만연하다면 그것은 무엇을 의미하는 것인가? 하나님은 이에 대해 어떻게 반응하는가? 이에 대한 한 가지 좋은 소식은 인간 역사의 시작에서부터 하나님은 주도적으로 반응해 오셨다는 것이다. 하나님은 다시 한번 창조의 역사를 시작하신다. 그러나 이번만은 세상을 창조하는 대신 하나님을 알고 순종하는 일단의 사람들을 창조하신다.

이제 당신이 4000년 전 중동에 사는 한 평범한 사람이라고 상상해 보라. 당신이 아내와 모닥불에 앉아 있을 때, 한목소리를 듣는다. 아무것도 보지 못하지만, 뭔가를 느낀다. 그것은 외부로부터 뿐 아니라 내부로부터 오는 어떤 것이다. 소화가 안 돼서 그런 걸까? 아니면 혹시 누군가, 어떤 분이 말씀하시는 것은 아닐까? 목소리는 계속된다. 모든 것을 버리고 당신이 모르는 어떤 곳으로 떠나라고 말한다. 당신은 덩굴 너머를 체크해 보기도 한다. 아무도 없다. 꼬집어보기도 한다. 아프다. 꿈이 아니다. 당신은 뭔가 이상한 일이 일어나고 있다고 느끼게 된다.

> **이야기가 여기서 멈춘다면**
> 전 정말 제가 더는 이 이야기에 참여하고 싶은지 장담할 수 없을 것 같아요. 사람들은 낙원을 망쳤고 죄가 만연하게 되었어요. 한마디로 엉망진창이죠. 이 모든 것 가운데 하나님은 어디 계신거죠?—조쉬

하나님이 아브라함을 부르시다. 이것은 아브라함의 이야기다. 우리가 생각할 수 있는 유일한 길은 하나님이 아브라함과 사라와 대화하셨다는 것이다. 하나님은 그들에게 모든 것을 버리고 그저 어딘가를

향해 걸어가라고 말씀하셨다. 그러나 왜 그들인가? 성경은 하나님이 아브라함의 가족을 특별한 사명을 위해 선택하셨다고 말한다. 창12장 이 말은 하나님이 다른 사람들은 배제한 채 이 가족만 좋아했다는 뜻이 아니다. 하나님은 아브라함과 사라에게 "땅의 모든 족속이 너로 말미암아 복을 얻을 것이라" 창12:3라고 하지만, 아브라함과 그의 후손도 선택권을 가지고 있다: 과연 그들이 이 목소리에 순종할까?

하나님도 선호가 있으실까?

로젤라: 아니오.

루크: 저는 성경 전체를 포함의 이야기로 봅니다. 하나님은 다른 사람들을 선택하기 위해 아브라함을 선택하셨고, 우리 모두도 다른 이들을 선택하기 위해 선택된 것입니다.

타라: 맞아요. 하나님은 각각의 한 사람 한 사람을 모두 부르셨고 아브라함은 단지 "예"라고 대답한 첫 번째 사람일 뿐이었다는 말을 들은 적이 있어요.

하나님은 이야기가 계속되도록 하셨다. 그래서 하나님은 아브라함과 사라를 시작으로 한 민족을 창조하셨다. 처음엔, 하나님이 잘못된 커플을 선택한 것처럼 보인다. 아브라함과 사라는 자녀가 없었다. 그리고 이미 아이를 낳을 나이가 지났다. 그러나 하나님은 하나님이 할 수 있는 일을 하셨다. 하나님의 면전에서 웃은 사라의 불신에도 불구하고 그들은 늙은 나이에 이삭을 낳았다. 창12-18, 21장

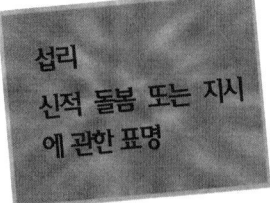

섭리
신적 돌봄 또는 지시에 관한 표명

하나님은 기적적인 간섭을 통해 이 성경이야기가 살아남도록 하셨다. 일부 그리스도인은 인간 삶에 있는 이런 하나님의 참여를 섭리라고 부르기도 한다. 이삭과 리브가와 그의 자녀들과 손주들은 모두 매우 심한 잘못을 저질렀다. 그들은 죄를 범했다. 그래서 하나님은 그들과 함께

난관에 봉착했다. 창12:10-20, 16:1-15, 18:1-15, 26:6-11, 27:1-40, 29:15-30

하나님은 불임, 신실치 않음, 어리석음과 같은 그들의 인간적인 문제에도 불구하고 이 가족을 구해주신다. 그들은 항상 경건의 본이 될 수 있는 사람들은 아니었다. 그러나 하나님은 그들을 사용하셨다.

아마도 섭리에 대한 가장 이상한 이야기는 요셉과 관련된 것일 것이다. 그는 이미 아버지 야곱의 가장 사랑받는 아들이었다. 요셉은 형제들이 곧 자신에게 절을 할 것이라고 자랑을 하였다. 형제들은 더는 참을 수 없어 그를 웅덩이에 던지고 결국 이집트에 종으로 팔아버렸다. 그러나 정말 가장 비참하다고 여겨졌던 일이 이후 이 가족을 구원하는 일이 되었다.

요셉은 이집트의 총리대신이 되었다. 요셉은 중동을 강타할 기근을 이겨낼 충분한 식량을 모았다. 그를 판 형제들은 식량을 구하려고 가나안에서 이집트로 내려왔다. 그들은 요셉에게 존경의 표

믿음 안에 살아가며

저는 혼란스러웠습니다. 그 질문들이 머릿속을 떠나질 않았어요. 정확히 4주 동안 5명의 목사님이 나에게 똑같은 질문을 던지고 계셨습니다. "자네 혹시 목회사역을 고려해본 적 없나?" 다른 사람들도 비슷한 의문을 제기했습니다. 여러 해 전 하나님께서는 내 길을 완전히 되돌리셔서 자기애적 삶 대신 예수를 따르게 하셨지요. 신성한 장사꾼이신 하나님은 이제 저를 완전히 속이실 작정인 듯합니다.

어떻게 말을 꺼내지? 아직 어린 두 아들과 딸, 그토록 오래 기도하던 믿음 있는 남편을 갖게 된 아내 이델라에게 예수를 따르던 우리의 소소한 희생을 이제 교육과 사역으로 만들어야 한다고 어떻게 말하지? 저는 목회사역과정에 대해 알아보려고 헤스톤 칼리지에 전화를 걸 수가 없었습니다.

하루는 일을 마치고 집에 돌아왔는데 이델라가 현관에서 나를 맞으며 이렇게 말했습니다. "오늘 헤스톤 칼리지에 전화를 해보았어요." 순간 저는 하나님이 저의 아무진 기도에 아주 간단히 응답하셨음을 깨달았습니다. '저의 은사를 사용할 수 있도록 해주세요. 사람들의 삶을 변화시킬 수 있도록 해주세요.'

목회사역은 매우 만족스럽습니다. 25년 전 내 삶에 들려졌던, 처음엔 거부되었던 그 소명은 지금도 나와 함께 하고 있지요.

〈인디애나, 나파니에서 루벤〉

시로 절을 했지만, 그가 자기들의 동생인 요셉이라는 것을 알지 못했다. 그들이 가장 싫어하던 자가 영웅이 된 것이다. 더 중요한 것은 하나님의 섭리 가운데, 이 가족이 하나님의 이야기를 계속 발전시키기 위해 살아남을 수 있게 되었다는 것이다.

조쉬: 만약 당신이 나쁜 일들이 일어나는 이유가 하나님이 그것을 어떻게든 사용하기 원하시기 때문이라고만 생각한다면 당신은 정말 혼란스러워질 수 있어요.

메리: 전 하나님이 나쁜 일을 일어나게 한다고 생각지 않아요. 우리가 가진 선택의 자유가 그렇게 하죠.

로젤라: 하지만, 하나님은 사람들에게 그런 일들이 일어나는 것을 막을 수 있을 만큼 전능하시기도 하시지.

메리: 우리가 우리 실수로부터 배울 거라는 걸 아실 만큼 전지전능하시죠.

타라: 하나님이 나쁜 일들을 일어나게 하시는 게 아니고 죄가 바로 그렇게 하죠. 하지만, 하나님은 나쁜 상황조차도 선으로 바꾸실 수 있는 분이에요

마이크: 때때로 하나님은 우리가 한 일의 결과가 우리 자신에게 돌아오도록 하는 방식으로 우리를 훈련할 필요가 있으시죠.

로즈: 맞아요, 그리고 하나님은 사랑으로 그렇게 하세요.

조쉬: 그렇다면 하나님은 왜 언제나 그렇게 하시지 않는 거죠? 나쁜 상황을 어떤 좋은 것으로 바꾸시는 것 말이에요.

타라: 아마도 우리가 그걸 보지 못하는 것 아닐까요? 요셉도 아마 지하감옥에 있을 때 하나님이 일하고 계시다는 걸 볼 수 없었을 거에요. 절대 그렇게 생각 못했을 걸요.

구원: 피조물을 본래 의도하신 바대로 회복시키기 위한 하나님의 역사. 구원에는 적어도 세가지 줄기의 "좋은 소식"이 포함되어있는데

첫째는 하나님은 죄의 권세와 결과로부터 우리를 해방시켜 주신다는 것이며, 둘째는 하나님이 우리를 새로운 사람들로 만들어주신다는 것, 그리고 셋째는 하나님의 치유와 희망을 세상에 가져오기 위해 하나님이 우리 안에 일하신다는 것이다.

구원은 진정 하나님의 이야기의 핵심이며 이 책에서도 계속해서 반복되어 다루어지는 주제이다. 이 책의 51, 76, 86-88 그리고 131-137쪽에서 구원에 대해 더 다루고 있다.

구원, 1부: 노예 생활에서 떠나기

모든 일이 다 잘 되어가는 듯했다. 야곱과 그의 자녀들과 손주들은 모두 가나안에서 이집트로 기근을 피해 왔다. 잠시 이야기는 제대로 진행된다. 가족은 늘어났고 번성했다. 그러나 요셉과 그의 가족을 모르는 새로운 바로가 권력을 잡게 되자출1:8-14 그는 이 번성하는 이방인들을 주목했고 그들을 노예로 삼았다. 노예생활은 고문이었고 압제는 지독했다. 그러나 이스라엘 사람들은 억압을 받을수록 오히려 더 늘어났다. 그래서 바로는 모든 이스라엘 남자 아이들을 나일강에 버려 죽이도록 조서를 내렸다.출1:22 이제 이야기는 이제까지 겪지 못한 큰 난관에 봉착한다. 하나님이 단지 섭리가 아니라 구원을 보이실 시간이 온 것이다.

항상 자비로우시고, 이스라엘을 인자로 덧입혀 주셨던 하나님이 도움을 구하는 이스라엘의 호소를 들으셨다. 하지만, 하나님의 도움은 인간의 생각에는 좋을 것 같지 않은 방법으로 왔다. 도움은 나일강에 떠다니는 갈대 상자 안의 한 아이를 통해 왔는데 그의 이름은 모세였다. 그의 어머니는 그를 모든 노예의 자녀들이 당면한 운명에서 피할 수 있도록 하기 위해 그를 갈대상자에 숨겼다. 하나님은 그녀가 행한 믿음의 걸음을 기뻐하셨다. 결국, 아기는 바로의 딸에 의해 건져지고 죽을 수밖에 없었던 운명에서 바로의 새 아들이라는 새로운 운명을 맞이하게 된다.

> **성경에 보면 모세는 한 남자를 죽였습니다.** 이 사실은 항상 저의 관심을 끌지요. 하나님은 그 일로 모세와의 관계를 끊지 않으십니다. 그리고 여러 해가 지나 모세의 손에는 "살인하지 말지니라"라고 쓰여진 법문이 들려지게 됩니다. 정말 기가막힌 이야기지요 −루크

> 당신은 **어떤 종류의 억압에서** 구원받기를 원하십니까? 당신의 삶을 뒤돌아 볼 때, 하나님은 어디에서 당신을 구하셨습니까?

모세는 바로의 궁전에서 자랐지만, 자신의 백성들과 같은 정체성을 가지고 있었다. 하루는 이집트 사람이 그의 동족을 치는

것을 보고 그는 참을 수가 없어서 그 이집트 사람을 죽이고 광야로 도망쳤다.

음성. 바로는 그를 찾을 수 없었다. 그러나 하나님은 모세를 찾으셨다. 광야에서 모세는 떨기나무 한 그루가 계속 타는 것을 보게 된다. 그 떨기나무에서 한 목소리가 들려왔다. 그의 조상들에게 말한 바로 그 목소리였다. 하나님은 "내가 애굽에 있는 내 백성의 고통을 분명히 보았다. 내가 그들의 고통을 알기에 내가 내려가 그들을 애굽에서부터 건져 낼 것이다. 오라 내가 너를 바로에게 보내어 너에게 내 백성 이스라엘 자손을 애굽에서 인도하여 내게 하리라"라고 하셨다. 하나님은 바로의 가족 중 한 명을 불러 이스라엘을 그 노예생활로부터 구원하기로 하신다!

모세는 처음에는 주저했지만, 그의 소명에 응답했고

하나님의 이름, 야훼

불타는 떨기나무에서 하나님은 야훼라는 자신의 개인적인 이름을 모세에게 알리셨다. 대략 번역할 때 야훼는 "나는 스스로 있는 자이다" 혹은 "나는 영원히 스스로 존재할 자이다"라는 뜻이다(출 3:13-14). 그리고 대부분의 영어성경에서 이것은 "주님(LORD)"라고 번역되어 있다. 이 이름은 너무 특별해서 심지어 오늘날에도 유대인들은 그 이름을 말하지 않고 또 많은 사람이 그 이름을 모음 없이 표기한다. YHWH라고.

고대에서 자신의 이름을 다른 사람에게 알리는 것은 그 사람과의 관계를 시작하고 상대에 대하여 약해질 수 있음을 의미하는 것이었다. 이러한 맥락에서 온 우주의 창조자가 먼저 자발적으로 자신의 이름을 모세에게 알리셨다는 것은 신과 인간 사이의 관계를 만들어감에 있어 사상 초유의 엄청난 첫 발걸음을 옮긴 것이다.

이후 예수는 자신을 "나는…이다"라는 표현으로 나타내시는데 요한복음에서는 "나는 생명의 떡이다"(6:51), "나는 포도나무요"(15:1), "나는 선한 목자라"(10:11), "나는 부활이요 생명이니"(11:25) 라고 말씀하고 계시다. 그분께서 선택한 어휘들은 우연이 아니다. 대부분의 유대인은 하나님을 향한 경외감의 표현으로써 "나는…이다"라는 어구의 사용을 피하는데 예수는 야훼를 위해 떼어놓은 똑같은 신성한 이름으로 자신을 지칭하는 것이다 이집트로 돌아갔다. 그는 형 아론과 함께 바로에게 가서 노예들을 풀어 달라고 했다. 바로가 거절하자, 주님은 열 가지 재앙을 이집트에 보내셨다. 그러나 기적적으로 그 재앙은 노예들을 해치지 않았다.출5:1-12:32 마지막 재앙은 가장 참혹했다. 죽음의 천사가 모든 가정에 찾아가 장자를 죽였다. 오직 문설주에 양의 피를 바른 가족만이 이 참혹한 운명에서 벗어날 수 있었다.

> 정말이지 저는 유월절 이야기를 좋아해본 적이 없어요. 왜 가족의 잘못 때문에 식구 중 한 사람이 죽어야 하지요?-메리

바로는 마침내 노예들이 가도 좋다고 허락하였다. 여기서 성경은 중요한 것 한 가지를 포함하는데 그것은 이스라엘인 노예가 아닌 다른 이방 노예들도 출애굽에 함께 참여하게 된다는 것이다.12:38 하나님이 아브라함에게 말씀하신 것처럼 하나님은 아브라함의 자손뿐 아니라 모든 억압받는 자들을 돌보신다.

> 196쪽 믿음의 고백 요약본에서 모든 열방에서 제자를 삼는 것에 관한 10번째 항목을 보라

그러나 바로는 곧 그의 마음을 바꿨다. 수많은 노예를 갖는 것은 자신을 위해 너무도 좋은 일이었다. 그는 그들을 다시 붙잡아오기 위해 무력하고 무방비 상태인 노예들을 뒤쫓아 군대를 보냈다. 노예들은 바로의 기마병이 자신들을 쫓는다는 것을 알고 자신들이 어떠한 상황에 처한 것인지 깨닫게 되었다. 바로의 군대가 뒤에서 쫓고, 앞에는 홍해가 놓여 있었기 때문에 그들은 꼼짝없이 갇히게 된 것이었다. 그러나 모세는 "너희는 두려워하지 말고 가만히 서서 여호와께서 오늘 너희를 위하여 행하시는 구원을 보라 너희가 오늘 본 애굽 사람을 영원히 다시 보지 아니하리라13:13-14"라고 말했다.

하나님이 모든 것을 하신다. 그들에게는 다른 선택이 없었다. 모세가 그의 지팡이를 들자 그들을 인도하던 구름기둥은 뒤로 갔고 강한 동풍이 불기 시작했다. 그러자 기적적으로 바다가 양쪽으로 갈라졌다. 놀랍게도 사람들은 마른 땅을 건넜다. 이집트 군대가 그들을 따라 바다로 들어왔을 때, 바다는 다시 합쳐졌고 이집트 군대는 모두 수장되었다. 반대편에 다다라, 그들은 모세의 여동생 미리암의 인도로 하나님의 승리를 축하하는 큰 축제를 연다.

미리암의 춤–Marc Chagall

홍해 건너편에서 이 다양한 족속의 사람들이 한 민족이 되었다. 그들이 경험한 이 극적인 구출이 그들을 하나로 묶어 주었다. 그들은 하나님의 구원을 경험했다. 노예의 상태에서 구원된 이 사건은 하나님의 이야기로서 이 이야기는 역사를 통해 이스라엘 백성을 하나로 묶어 유지해 주는 이야기가 되었다. 이 경험은 그들이 누구인가라는 그들의 정체성에서 핵심적인 부분이 되었다.

노예들이 했던 것처럼 하나님이 당신을 위해 대신 싸우시도록 하고 당신은 그저 잠잠히 있어야 하는 상황이 당신에게도 무척 힘든 일이라고 생각하는가? 이러한 삶의 방식이 단지 당신의 개인적인 삶에만 적용되어야 한다고 생각하는가 아니면 우리가 어떤 국가의 적을 가진 한 국민으로서도 하나님을 신뢰해야 한다고 생각하는가? 199쪽, 믿음의 고백 요약본에서 22번 항목을 읽고 이것이 의미하는 바를 토론해 보라

출애굽 이야기는 구약 전체를 통해 종종 반복되어 이야기 되어지고 기념된다. 시편 중 적어도 6편(78, 105, 106, 114, 135, 136)은 하나님이 애굽으로부터 사람들을 구해내신 사실을 기억하고 있다. 사람들을 하나님께로 돌이키려 할 때 선지자들은 종종 출애굽 이야기를 언급한다(사11:16;렘2:6, 7:22–25; 겔 20:6, 10). 유월절은 출애굽을 기념하기 위한 유대인들의 연중의식 행사였다. 예수께서 자신의 몸과 피를 통해 세우신 "새 언약"은 바로 이 유월절 식탁에서 이루어졌다(눅 22:20, 또한 55, 145–147쪽 참조).

거룩한 전쟁(Holy War)

고대 세계에 살던 모든 사람은 거룩한 전쟁이라는 것을 믿었다. 신들이 사람들을 도와 그들의 전쟁에서 싸우는 것이다. 이스라엘 사람들도 거룩한 전쟁을 믿었다. 그러나 한 가지 커다란 차이가 있었다. 다른 모든 사람은 신들을 돕는 방법으로써 싸워야만 한다고 여겼지만, 이스라엘 사람들은 홍해를 건널 때를 싸움의 진정한 방법이라고 회상했다. 이집트 군대가 그들을 바로 뒤까지 맹렬히 쫓아왔을 때, 모세는 백성들에게 "여호와께서 너희를 위하여 싸우시리니 너희는 가만히 있을지니라"(출14:13–14)라고 말했다. 그래서 초창기 이스라엘은 항상 그런 식으로 성전을 벌였다. 주님께서 그들이 싸울 필

요가 없다는 것을 그들은 알고 있었다.

홍해사건에서 이스라엘 사람들은 그들 자신이 싸울 필요가 없다는 점에서는 다른 민족들과 달랐지만 다른 사람들이 죽임을 당해야 한다고 이해한 점에서는 다른 고대 민족들과 똑같았다. 그리고 이 부분이 바로 오늘날 일부 그리스도인들이 '거룩한 전쟁'의 개념에서 여전히 어려움을 겪는 부분이다. 거룩한 전쟁에는 진멸 사상이라는 한 요소가 있는데 이것은 성전에서 적과 관련된 모든 것이 파괴되어야 함을 의미한다. 소와 말뿐 아니라 사람도 모두 죽어야 한다. 하나님께 순종하는 한 부분으로써 모든 것을 죽여야 했다. 성전에서 이런 일이 일어난 것은 두 가지 이유 때문이었다. 첫째, 이스라엘은 부를 얻기 위해 전쟁을 하려는 유혹을 받지 않아야 했다. 그래서 모든 부, 물질은 파괴되어야 했다. 두 번째, 모든 우상 숭배는 제거되어야 했는데 이를 위해 다른 신들을 섬기도록 그들을 유혹할 이방인들이 없어야만 했다. 그리고 첫 번째 성전에서 하나님은 모든 애굽의 군대들을 몰살하셨다. 그러나 이스라엘은 본래 성전을 치르던 방법에서 매우 빠르게 벗어나기 시작했다. 그들은 다른 사람들과 같이 되고 싶었다. 그들은 싸움에서 하나님을 돕고 싶었다. 이것은 모든 것을 진멸하는 것을 포함했다. 이스라엘은 하나님과 함께 싸우다가 (삿4장), 나중에는 결국 하나님을 위해 싸웠다(삼하24장). 그리고 그렇게 되었을 때, 그들의 성공은 점점 줄어들었다. 그들이 하나님의 의도에 매우 신실하지 못하게 되었던 587 B.C.E.에 실제로 하나님은 그들에 맞서서 바빌론과 함께 싸우셨고 이는 백성들이 바빌론으로 유배되는 결말을 가져왔다(렘21:1–6).

왜 이것이 이렇게 중요한가? 왜냐하면, 예수는 성전(聖戰)을 본래의 의미에서 사용하셨기 때문이다. 예수는 십자가에서 악을 물리치는 가장 효과적인 방법을 보이셨다. 예수는 자신을 하나님께 순종하는데 드리고 하나님이 그를 돌보시도록 했다. 잠깐 예수의 적들은 예수를 죽임으로 승리하는 듯 보였다. 그러나 장기적으로 보면 예수는 단번에 그리고 영원히 우리를 노예 삼았던 모든 악을 물리치셨다. 그리고 하나님은 부활을 통해 예수께 승리를 주셨다.

사도 바울은 악과 싸우는 이런 본래의 방법을 이해했다. 그는 로마서 12장 19–21절에서 "내 사랑하는 자들아 너희가 친히 원수를 갚

> 단기적 관점에서 보면 예수의 원수들이 이긴 듯 했다. 그들은 예수를 죽였다. 그러나 예수는 이를 통해 우리를 포로로 잡고 있던 악을 단번에 그리고 영원히 물리치셨다.

지 말고 하나님의 진노하심에 맡기라. 기록되었으되 원수 갚는 것이 내게 있으니 내가 갚으리라고 주께서 말씀하시니라. 네 원수가 주리거든 먹이고 목마르거든 마시게 하라 그리함으로 네가 숯불을 그 머리에 쌓아 놓으리라 악에게 지지 말고 선으로 악을 이기라"라고 말했다.

오늘날 어떤 사람들은 자신들이 싸우는 이유가 '하나님이 그들에게 그렇게 하라고 하셔서'라고 말한다. 심지어 많은 그리스도인들조차 구약의 전쟁을 인용하여 전쟁을 정당화하려고 한다. 그들은 하나님의 백성이 되는 것과 국가의 일부가 되는 것, 그리고 정당의 일부가 되는 것이 같은 것이라고 믿는다. 성경에 따르면 성전은 이와는 전혀 다르다. 하나님의 가장 우선되는 의도는 우리가 단순히 하나님을 신뢰하는 것이다. 심판과 복수는 주님께 속한다(롬 12:19–20). 출애굽 이야기는 이것의 분명한 예다.

2. 하나님의 재창조

구원: 영적인 것인가 육체적인 것인가? 때로 우리는 구원이 개인적이고 영적인 것이라고 생각한다. 출애굽 이야기에서 구원은 문자 그대로 사람들을 죽이는 압제로부터 육체적인 자유를 얻는 것을 의미했다. 하나님은 우리 모두가 죄 때문에 고통을 받게 되는 영적인 억압에 관심을 가지신다. 그러나 하나님은 또한 신체적인 불의와 억압도 돌보신다. 만약 구원이 죄로 파괴된 모든 것을 되돌리는 것이라면, 그때 구원은 어떤 식으로든 영적으로 고통당하는 사람뿐 아니라 신체적으로 고통당하는 사람들에게도 기쁜 소식이 되어야만 한다.

구원, 2부: 새로운 존재 방식

육체적 구원이 이스라엘 사람들을 위한 이야기의 마지막이 아니었다. 그들은 죄로부터, 그들 안의 잘못된 많은 생각들로부터 구원 받아야 할 필요가 있었다. 아이러니하게도, 이전에 이집트의 노예로 있었던 이 이스라엘 사람들은 그들이 이집트에서 나오자마자 음식의 부족에 대해 불평하기 시작했다. 그들은 이집트의 고기가마가 그리웠다.^{출16:3} 이것은 엄청난 기억상실을 보여주는 것이었다. 그들은 자신들이 노예생활을 했던 과거를, 안전을 제공해 주었던 좋은 옛 시절로 기억할 뿐 힘들고 어려웠던 것들은 기억하지 않게 되었다. 그들에게는 죽음의 고비를 맞은 노예상태로부터의 육체적 구원뿐 아니라 새로운 마음이 필요했다. 그들은 새로운 하나님의 백성으로 살아가는 법을 배울 필요가 있었다.

이스라엘은 사막에서 전적으로 하나님을 의지하도록 부름 받았다. 그것은 하나님의 구원을 받아들이고 하나님이 그들을 위해 싸우시도록 하는 것이었다. 하나님이 여전히 우리에게 이런 극단적인 신뢰를 바라신다고 생각하는가? 당신 삶에서는 이러한 신뢰가 어떻게 드러나는가?

광야에서 주님은 그들을 위해 음식을 준비해 주셨을 뿐만 아니라, 완전히 새로운 삶의 방식을 이해하도록 그들을 돕기 시작하셨다. 하나님은 십계명으로 이 일을 시작하셨다. 모세가 불타는 떨기나무를 보았던 바로 그 시내 산에서 주님은 모세에게 어떻게 평화로운 공동체로 함께 살 수 있는지에 대한 말씀 주셨다. 십계명은 그들을 노예 생활에서 구해

십계명을 받는 모세_라파엘

내신 하나님의 은혜롭고 놀라우신 역사에 대해 그들과 지금 우리가 보일 수 있는 하나의 반응이었다. 십계명의 도입부에서 하나님은 사람들에게 "나는 너를 애굽 땅, 종 되었던 집에서 인도하여 낸 네 하나님 여호와니라출 20:1-2라고 상기시키신다.

샬롬, 다른 삶의 방식. 십계명은 잘 따르기만 한다면 공동체에 신뢰와 안전을 가져오는 말씀들이었다. 그리고 이런 사회는 이스라엘이 이집트에서 경험한 것과는 매우 다른 사회였다. 이것은 오늘날 우리가 살고 있는 많은 사회와도 매우 다른 것이다. 십계명은 샬롬의 다른 말로서 히브리어에서 평화라는 뜻을 갖는다. 그러나 이 말은 하나님과의 사이에 내적인 평화를 갖는다거나 단순히 전쟁이 없음을 표현하는 것을 훨씬 뛰어넘는 단어이다. 샬롬을 소유한다는 것은 이웃과 바른 관계를 갖는 것을 의미한다. 이 말은 모든 사람이 일할 기회를 얻고, 품위 있는 삶을 살며, 충분한 음식과 밤에 잘 집을 가지고 있다는 말이다. 샬롬은 하나님과, 이웃과, 피조물과 평화할 때 일어난다. 이런 의미에서, 이것은 죄가 모든 소중한 관계를 파괴하기 전의 세상을 그리고 있다.

루크: 때때로 사람들은 성경을 규칙과 규율만 하나 가득 들어 있는 책으로 보지요.

조쉬: 맞아요. 그리고 하나님은 우리를 없애 버리려고 혈안이 되어 하늘에서 우리를 내려다보는 못된 심판관으로 보고요.

메리: 하지만, 그게 정말 하나님을 공정하게 보는 걸까요? 그런 규율들이 좋은 목적을 가지고 있을 순 없는 건가요…?

마이클: 메리가 방금 요점을 말했네요. 하나님이 광야에서 사람들에게 주셨던 음식인 만나에 대한 규율을 생각해 보세요. 사람들은 오직 하루치 분량의 만나 만을 거두어 갈 수 있었죠. 그리고 오직 안식일 전날만 이틀 치 분량을 모아 가져갈 수 있었어요. 그렇게 함으로써 안식일에는 진정한 쉼을 누릴 수 있었던 거죠. 그게 바로 규율이었어요. 그들이 자신이 필요한 것보다 더 많은 양을 모으면 그들의 소중한 식량은 벌레가 끼고 먹을 수 없게 되었어요. 까다로운 하나님에게서 나온 까다로운 규율이라구요? 과연 그럴까요? 사람들은 이 규율 때문에 날마다 양식에 대해 하나님을 신뢰하는 법을 배울 수 있었어요. 그리고 안식일에 안식하는 것의 중요성도 이 규율을 통해 배울 수 있었지요(출 16장).

십계명

하나님이 이 모든 말씀으로 말씀하여 이르시되

2 나는 너를 애굽 땅, 종 되었던 집에서 인도하여 낸 네 하나님 여호와니라

3 너는 나 외에는 다른 신들을 네게 두지 말라

4 너를 위하여 새긴 우상을 만들지 말고 또 위로 하늘에 있는 것이나 아래로 땅에 있는 것이나 땅 아래 물속에 있는 것의 어떤 형상도 만들지 말며…

7 너는 네 하나님 여호와의 이름을 망령되이 부르지 말라 여호와는 그의 이름을 망령되게 부르는 자를 죄 없다 하지 아니하리라

8 안식일을 기억하여 거룩하게 지키라… 11 이는 엿새 동안 나 여호와가 하늘과 땅과 바다와 그 가운데 모든 것을 만들고 일곱째 날에 쉬었음이라 그러므로 나 여호와가 안식일을 복되게 하여 그날을 거룩하게 하였느니라

12 네 부모를 공경하라 그리하면 네 하나님 여호와가 네게 준 땅에서 네 생명이 길리라

13 살인하지 말라

14 간음하지 말라

15 도적질하지 말라

16 네 이웃에 대하여 거짓 증거하지 말라

17 네 이웃의 집을 탐내지마라 네 이웃의 아내나 그의 남종이나 그의 여종이나? 그의 소나 그의 나귀나 무릇 네 이웃의 소유를 탐내지 말라

〈출애굽기 20장 1–17절〉

다른 예배 방식. 십계명을 받아들인 사람들은 본질적으로 하나님이 그들의 통치자이심을 선포하는 것이다. 이스라엘 사람들은 주변 문화와는 대조적으로 보이지 않는 분에 의해 지배를 받았다. 낮의 구름기둥과 밤의 불기둥이라는, 눈에 보이는 것이 있었지만, 여전히 거기에는 신비가 있었다. 하나님은 보이지만 숨겨져 계신다. 광야에서 주님은 신호를 주시고 사람들은 따른다. 기둥이 움직이기 시작하면 사람들도 움직이기 시작한다. 아무런 질문도 제기되지 않는다. 민10:11-12

심지어 예배 공간인 장막도 잘 만들어진 텐트일 뿐이었고 이것 또한 보이지 않는 전능하신 존재를 따를 준비가 되어 있었다. 이런 모습은 우상 숭배나 이후에 이스라엘을 유혹할 성전 예배와 매우 대조적인 모습을 보인다. 이스라엘 사람들은 하나님도 보통 나무로 만들어진 우상이나 신상처럼 성전 안에서 영원히 모셔질 수 있다고 생각했다. 사44:9-20 그러나 이곳 광야에서 하나님은 자유로운 분이시고 그분이 모든 것을 다스리신다.

광야에서의 장막

예배 동기도 다르다. 이전에 사람들은 이집트의 우상에게 기도할 때 그들이 번성하기를 위해 기도했다. 만약 당신이 바르게만 기도하면 우상은 당신에게 비옥한 옥토와 많은 자녀를 주어야 할 의무가 있었다. 그러나 광야에서 이스라엘은 하나님을 경배했는데 그 이유는 하나님이 그들을 구원하기 위해 역사 속에 들어오셔서 먼저 행하셨기 때문이었다. 그들에게 그럴 만한 가치가 있기 전에 하나님이 먼저 그들을 노예 생활에서 구원하셨다. 그

당신은 왜 예배를 드리는가? 하나님께 감사를 느끼고 감사를 느끼기 때문에 하나님을 예배한다고 한다면, 만약 감사를 느끼지 못한다면 어떻게 해야 할까?

2. 하나님의 재창조 · 49

들이 그럴 만한 가치가 있기 전에 하나님이 그들에게 그들의 모든 필요를 공급해 주셨다. 우상을 두려워하거나 신을 조종하기 위해 노력하는 대신, 사람들은 광야에서 하나님을 사랑했다. 율법의 핵심으로서 예수가 그의 제자들에게 인용하셨던 쉐마도 이렇게 말한다.

> 이스라엘아 들으라 우리 하나님 여호와는 오직 유일한 여호와이시니 너는 마음을 다하고 뜻을 다하고 힘을 다하여 네 하나님 여호와를 사랑하라. 신6:4-5, 막12:29

다른 종류의 경제학. 하나님을 사랑하고 경배하는 것은 바른 삶과도 연결된다.미6:6-8 하나님은 모든 사람이 샬롬을 경험할 기회가 있는 새로운 사회를 형성하기 원하셨다. 하나님은 피조물들을 창조하시고 나서 취하신 휴식과 애굽에서 노예들에게도 주셨던 휴식을 반영하기 위해 모든 피조물들을 위한 안식일을 만들어 주셨다. 단지 매 칠일째만 안식을 위한 날이 되는 것이 아니라 7년마다 땅은 추수와 기경에서 안식을 얻고 모든 빚은 청산되었으며 종은 자유를 얻게 되었다. 이 규칙들은 어려움에 빠진 자들에게 쉼을 주었다. 그리고 매 50년째 되는 해는 희년으로 선포되어 모든 땅은 원래의 주인에게 되돌려졌다. 이런 제도는 사람들이 생산적이고 근면할 수 있도록 자유롭게 해줌과 동시에 일터를 공평하게 나누는 역할을 했다.

출애굽과 광야라는 두 사건은 함께 묶여 우리에게 구원의 분명한 그림을 그려준다. 하나님은 사람들을 신체적이고 영적인 억압에서 구원하신다. 우리는 그리스도인으로서 이런 내용을 돌아보면서 이 구원은 확실히 부족란 점이 있다고 말할 것이다. 왜냐하면, 진짜 구원은 오직 예수와 함께 오기 때문이다. 그러나 예수의 구원에 대한 이해는 앞의 이해와 많은 차이가 없다. 예수 또한 신체적이고 영적인 치유와 회복에 관심을 가지셨다. 그리고 출애굽과 시내산 사건처럼, 예수는 개인과 공동체 모두를 위한 구원을 가져오셨다. 그는 12 제자를 모았고, 이것은 교회의 시작이 되었으며 새로운 백성의 출발이 되었다.

구원이 의미하는 바는 무엇인가?

히브리어와 헬라어에는 영어의 '구원'이라고 번역될 수 있는 말이 여러 개가 있다. 구약에서 구원한다는 말은 데리고 가다, 안전을 가져다 주다, 건져내다, 정당성을 입증해 주다, 힘든 때에 도와주다, 구해주다, 자유롭게 놓아주다 등의 의미가 있다. 어떨 때는 이 단어가 매우 구체적이고 개인적으로 쓰인다. 예를 들어, 한나는 아이를 갖지 못했는데 하나님이 사무엘을 주셨을 때 그녀는 '구원' 되었다. 또 어떨 때 이 단어는 좀 더 일반적으로 사용되는데 시편 33편 19절을 보면 사람들이 기도하는 장면에서 주님께서 이스라엘을 기근과 죽음에서 '구원' 하실 것이라고 말하고 있다.

구약성경에서 구원은 물리적인 것이 될 수도 영적인 것이 될 수도 있다(겔36:22-32, 37:1-14; 렘31:31-34를 보라). 하지만, 그것이 어떤 자연적인 사건이나 사람의 힘에서 나오는 것이 아니라 하나님에게서 오는 것임은 언제나 확실하다(시33:16-17).

신약에서 구원이라는 말 중 가장 보편적으로 쓰인 단어는 구원하고 치유함을 의미한다. 예수는 "너의 믿음이 너를 낫게 하였다"라고 말씀하시려고 같은 단어를 사용하셨는데(눅17:19; 막10:52) 바로 "너의 믿음이 너를 구원하였다"라고 말씀하신 것이다(눅7:50). 구약에서와 마찬가지로 신약에서도 구원이라는 말에는 한가지 차원 이상의 의미가 있다. 베드로가 물 위를 걸었을 때 그는 예수께 자신을 구해달라고 소리쳤다(마14:22-33). 한 차원에서 보면 베드로는 익사 될 지경으로부터 구해질 필요가 있었다. 하지만, 이 이야기의 또 다른 차원을 보면 그는 또한 자신의 의심과 두려움으로부터 건져내질 필요가 있었음이 명확하다.

성경 전체를 통해 구원은 사람들이 하나님을 믿고 신뢰할 때 경험되어진다(시22:4). 우리는 믿음으로 구원을 얻는데 이것은 우리로 하여금 "선한 일"에 반응하도록 동기를 준다고는 해도 전적으로 하나님의 선물이지 우리의 노력으로 얻은 것이 아니다(엡2:8-10). 하나님의 구원 역사는 우리를 가난하고 억눌린 자들을 돌보며 서로 사랑하는 일로 인도한다(레19:33; 신10:18-19).

구원은 우리의 행동이 변화되도록 이끈다. 예수는 간음 중 붙잡힌 여인에게 말씀하셨다. "나도 너를 정죄하지 않는다. 가서 이제부터 다시는 죄를 짓지 말아라"(요8:11).

예수가 자신의 집을 방문해 준 것에 감격한 삭개오는 사람들에게서 취한 돈을 돌려주기로 자원하였다. 그러자 예수는 "오늘 구원이 이 집에 이르렀다"라고 말씀하신다(눅19:9).

이 장의 요약

- 하나님은 인간이 가진 죄의 문제를 한 백성을 창조하심으로써 해결하기 시작하신다. 하나님은 아브라함과 사라를 부르셨고, 그들의 순종을 통해 이 세상 가운데에서 역사하시는 하나님의 이야기가 계속되도록 하셨다.

- 하나님은 각자의 처지에 맞는 다양한 방법을 통해 모든 사람을 부르고 계신다. 우리는 모두 아브라함과 사라가 그랬던 것처럼 한 사명을 위해 선택받았다. 그것은 하나님이 우리만 사랑하신다는 의미가 아니다. 그것은 우리가 하나님의 축복을 세상에 전달하는 임무를 맡았다는 것을 의미한다.

- 하나님은 우리와의 관계를 주도하신다. 하나님은 아브라함과 사라 그리고 그의 후손들과의 언약을 주도하셨다. 하나님은 백성들이 이집트에서 부르짖을 때, 그들을 노예생활로부터 구해주셨고 새로운 백성으로 만들어 주심으로 그들과의 관계를 새롭게 정립하셨다. 하나님은 예수를 통해 인류와의 관계를 새롭게 하시며 오늘 우리의 삶과 교회를 통해 이 일을 계속하고 계신다.

- 우리의 예배는 하나님에 대한 우리의 사랑의 반응이지 일련의 의식들로 하나님의 호의를 얻으려고 하는 것이 아니다. 하나님이 먼저 역사 가운데 행하심으로 주도권을 행사하신다.

- 하나님의 사람은 하나님에 대한 절대적 신뢰로 부

이스라엘은 이제 자유를 얻었다. 이 새롭게 얻은 자유를 가지고 그들은 무엇을 할 것이라 생각하는가? 약속의 땅으로의 여행은 쉽고 빠른 여행이 될 것인가? 만약 어떤 잘못된 일이 일어난다면 하나님은 어떤 다른 일을 하실까? 계속 읽어보라.

름을 받는다. 이집트로부터의 탈출을 통해 이스라엘 사람들은 그들이 스스로 대적들과 싸우기보다 하나님만을 의지함으로 보호받을 수 있다는 것을 배웠다.

● 하나님의 백성들은 샬롬에 근거한 공동체이다. 십계명과 다른 구약의 법들은 모든 사람이 희망과 존엄, 경제적 돌봄을 받을 수 있는 사회를 지향하고 있다. 예수께서도 그의 삶과 가르침들을 통해 이점을 계속 강조하셨다.

● 구원은 육체적이고 영적이며, 개인적이고 공동체적이다. 출애굽과 광야의 삶이 보여주는 것은 하나님은 죄의 파괴적 영향으로부터 우리 삶의 모든 부분을 구하기 원하신다는 것이다. 예수 또한 이것을 보여주셨다. 만약 죄가 하나님과 자신, 다른 사람들 그리고 피조물들과의 관계를 파괴한다면 구원은 하나님뿐만이 아니라 우리 자신과 다른 사람들 그리고 피조물들과의 새롭고 치유된 관계들을 가져온다는 것을 의미한다.

모세와 불타는 떨기 나무

2. 하나님의 재창조 · 53

영성 훈련을 위한 과제

신명기 26장 5절에서 10절까지의 말씀을 읽어보고 이 짧은 이야기를 당신 자신의 이야기로 만들어보라. 당신의 조상들에 대해서나 ("방랑하는 아람 사람들은 나의 조상들이다"), 당신이 받은 억압에 대해 몇 문장을 써 본 후 과거 하나님이 어떻게 당신을 구원하셨는지 혹은 현재 어떻게 구원하고 계신지 써 볼 수도 있다. 그리고 마침내 "젖과 꿀이 흐르는" 당신의 새로운 땅에 대해 써보고 하나님의 구원에 대해 당신은 어떤 반응을 보일 것인지 써보라("여호와여 이제 내가 주께서 주신 토지 소산의 맏물을 가져왔나이다"). 하나님의 구원의 손길을 아직 느끼지 못했다고 생각한다면 대신 이것에 대해 써 보아도 좋다.

언약

하나님은 사람들이 하나님을 사랑하며 신뢰하는법을 배우고 서로 평화롭고 정의로운 공동체를 이루며 살아갈 수 있도록 필요한 일들을 하셨다. 하나님이 사람들이 그런 관계를 이해하도록 도왔던 구체적인 방법 중 하나는 언약들을 통해서 이루어졌다. 상당히 비슷한 방법으로 고대 지배자들은 서로서로 또는 그들의 신하들과 정치적 동맹을 맺었다. 하나님은 사람들과 언약들을 맺으셨다. 일부는 무조건적이었는데 하나님은 어떤 상황에서도 축복을 약속하셨다. 다른 것들은 조건적이기도 했다. 하나님은 만약 그들이 신실하다면 축복할 것이라고 하셨다.

여기 성경에 나오는 주요한 언약들을 몇몇 나열해 보았다.

- 노아 (창8:21–22; 9:8–17)
- 아브라함 (창12:1–3; 15:4–20; 17:2–8)
- 모세를 통한 시내 언약 (출19:3–6; 20:1–17)
- 여호수아를 통한 세겜 언약 (수24장)
- 다윗 (삼하7:11하 –16)
- 새 언약에 관한 예레미야의 환상 (렘31:31–34)
- 새 언약에 관한 에스겔의 환상 (겔36장)
- 에스라의 언약 재갱신 (느10:28–31)
- 예수의 새언약 (마 26:28; 막14:24; 눅22:20)

이 언약들은 하나님과 백성 사이의 관계에서 확립되었다. 비록 각자는 이 계약에서 자신의 몫을 지켜야 하지만, 오직 하나님만이 이 언약을 주도하신다. 하나님은 종종 사람들이 자신이 해야 할 역할에 실패할 때에도 언약 협정에 그대로 머물러 계신다(사 54:10). 때때로 하나님은 사람들이 행한 것 때문에 몹시 상처를 입으셔서 다시 모든 것을 새롭게 하시려고 심각하게 고려하신다(예 출32장). 그러나 매번, 하나님은 결국 그 백성과 함께하시기로 결정하신다. 구약에서는 이를 하나님의 "인애하신 사랑(steadfast love)"이라고 부르며 신약에서는 이를 종종 "은혜"라고 부른다.

3장의 주제들
- 긴 여정으로서의 믿음
- 다른 사람들처럼 되고자 하는 유혹
- 우리가 성경을 보는 방식
- 하나님만이 진실한 통치자이다
- 심판은 또한 은혜다 – 새로운 시작
- 정결하지 않은 세상에서 정결함을 유지하기

주요 이야기
광야의 이스라엘

약속의 땅에 들어가다

사사들과 왕들

포로가 된 이스라엘

예루살렘의 재건

3. 경쟁하는 신들

얼핏 보기에 모든 것은 완벽한 듯 보였다. 이스라엘은 이집트의 종살이에서 구원되었고, 광야의 삶을 통해 노예적 사고방식에서도 구원되었다. 그저 한 무리였던 그들이 이제 홍해바다에서 한 민족으로 태어났다. 이제 모든 것은 단순 명백했다. 이 백성은 그들의 모든 필요에 대해 하나님을 신뢰할 수 있었고 사랑과 감사 속에서 하나님을 섬길 수 있었으며 샬롬의 정의로운 사회에서 살게 되었다….

> 자, 약속의 땅에 다 왔으니까 이제 집에 돌아가도 되죠? - 타라

이랬다면 얼마나 좋았겠는가! 이스라엘은 그 와중에 많은 실수를 저질렀다. 예전의 존재방식과 사고방식 그리고 생활방식은 포기하기가 쉽지 않았다. 이집트의 신들처럼 작동되지 않는, 보이지 않는 하나님께 순종하는 새로운 삶이란 두렵고 실망스러우며 혼란스러웠다. 그리고 이 백성은 아주 비참할 정도로 엉망이 되었다.

하나님이 우회로를 선택하시다

우리의 삶에서처럼 이스라엘에게 있어서도 믿음은 하나의 여정journey이었다. 이스라엘이 이집트를 떠나 약속의 땅에 도달하는 데 수개월이면 충분했다. 하나님이 자신들을 돌보신다는 충분한 신뢰가 있었다면 그들은 약속의 땅에 들어갈 수 있었을 것

이다. 그러나 그들은 들어갈 수 없었다.민13-14장 열두 명의 정탐꾼이 그 땅에 들어가 "젖과 꿀이 흐르는" 매우 비옥한 땅을 보았지만, 그들 중 10명은 그곳이 강한 산성으로 둘러쳐져 있으며 거기에는 거인들이 살고 있다고 말했다. 그리고 자신들은 그런 사람들과 상대하여 싸울 수 없다고 말하였다.

열 명은 그들이 가나안에 들어가는 것은 자살 행위와 같다고 했다. 정탐꾼 중 나머지 두 명, 오직 여호수아와 갈렙만이 주님의 도우심만 있다면 들어갈 수 있다고 했다. 홍해에서44쪽을 보라 성전Holy War을 행하시고, 광야에서 매일 만나를 주시며, 신비로운 구름기둥과 불기둥으로 그들을 인도하신 분이 바로 하나님 아니신가? 얼마나 더 많은 기적이 그들에게 필요하단 말인가?

심판은 은혜다. 결국, 열 명의 의심꾼들이 승리했고 하나님은 그들

타라: 왜 우리는 하나님이 한 민족을 만들었다는 사실을 중요시하죠?

마이크: 맞아요. 왜 하나님은 죄를 싹 쓸어버리고 죄의 문제를 끝내버리지 않으시는 걸까요?

메리: 예수는 더 일찍 오실 순 없으셨나…?

미셸: 하나님은 멀리 돌아오는 길을 택하신 듯 보여요. 왜일까요?

조쉬: 아, 전 정말 이런 질문들이 싫어요.

타라: 출애굽과 광야의 경험 말이에요…꼭 우리 자신의 경험 같지 않으세요? 전 제가 침례를 받으면 그 즉시 약속의 땅으로 곧장 가게 될 줄로 알았어요. 모든 게 완벽하고 좋아질 줄 알았죠.

미셸: 저도 다시는 유혹 같은 건 받지 않을 줄 알았다니까요. 루크 선생님도 혹시 그렇게 생각하셨나요?

루크: 아 저도 그랬죠.

마이크: 사람들이 그러는데 오히려 침례를 받고 나면 사단이 이전보다 더 많은 유혹을 한다고 하던데.….

미셸: 저에게는 아무도 그런 말을 해주지 않았어요. 그런데 그 말을 들으니 정말 놀랍군요. 전 저의 침례에 대해 한동안 의심을 했었거든요.

로젤라: 나는 이렇게 나이가 많은데도 여전히 때때로 내가 아직 광야에 있다는 생각을 하는 걸…

루크: 아마도 기독교라는 것은 그저 '들어가는 것' 그 이상인가 봅니다.

의 믿음 없음을 인해 이스라엘 백성들이 40년을 광야에서 유랑하게 될 것이라고 말씀하셨다. 그러나 이전처럼 하나님의 심판은 또한 은혜였다. 하나님 야훼가 누구인지를 알고 그분을 진정으로 신뢰하는 법을 배우려면 그들에게는 더 많은 시간이 필요했다. 하나님은 가나안이 그 자체로 새로운 도전들이 가득한 곳이 될 것을 아셨기에 40년 동안 이 유아 같은 백성을 계속해서 다시 빚어가셨다.

마침내 새로운 집에 도착하다. 40년이 지나 모세가 죽고 이스라엘은 여호수아의 지도 아래 약속의 땅에 들어갔다. 수3-4장 하나님의 성전을 통해 그들은 많은 지역을 정복했지만 모든 곳을 정복하지는 못했다. 그래서 그들은 다른 거주자가 없는 땅에 정착하는 대신 이 세상에 대해 자신들과는 다른 이해를 가진 이방인들 가운데 정착하게 되었다. 수17:16-18; 삿2:1-3; 3:4

가나안의 거주자들은 바알이라는 신을 의지했는데 바알은 풍요와 다산을 통해 그들의 생존을 돕는 신이었다. 이스라엘은 광야에서 양을 키우던 민족이었다. 새로운 이웃과 새로운 농경생활의 필요는 그들에게 바알을 섬기라는 압력을 주는 요소가 되었다. 그 압박이 너무 커서 야훼 예배와 바알 예배가 함께 행해졌고, 그들은 우상을 섬기며 그들의 수확이 많아질 것이라고 기대했다. 삿10:6 이하 샬롬 공동체로 살아가는 하나님

마이크: 이스라엘 사람들도 우리와 마찬가지군요… 하나님을 따르지만, 우리처럼 실수하고 망쳐버리고….

타라: "나는 하나님을 믿습니다"라고 말하기는 쉽지만 그걸 실행에 옮기는 건 훨씬 더 어려운 일인 것 같아요.

루크: 하지만, 이스라엘 사람들처럼 우리도 점점 나아지지요. 우리에겐 성령이 계시고 그분은 우리가 더 나아가고 자라나도록 도우십니다. 저는 우리가 영원히 불신과 미성숙이라는 굴레에 갇혀 있어야 한다고 생각하지 않습니다.

메리: 하지만, 그것도 말이 쉽죠.

의 생활 윤리는 종종 잊혔다. 사람들은 심지어 안전을 위해 자기 자녀들에게 바알이라는 이름을 지어주기도 했다.삿8:33-35 그래서 이런 두 종교의 점진적 혼합은 혼합주의라 불렸고 이는 그들이 실패한 원인이 되었다. 렘7:16-8:3

인애steadfast love. 이스라엘의 자비하시고 거룩하신 하나님은 자신의 백성을 포기하기를 거부하셨다. 이번에는 하나님이 하나님의 통치를 실행할 지도자로서 사사들을 보내 주셨다. 사사기가 말하는 것처럼 이러한 지도자 아래에서 예상 가능한 사이클이 생겨났다.

1) 이스라엘은 그들이 하나님께 한 약속에 맞는 삶을 살지 못했다.
2) 이런 죄는 억압을 가져왔고 하나님은 다른 사람들이 힘으로 이스라엘을 이겨 다스리도록 허락하셨다.
3) 이스라엘은 절망 가운데 주님께 부르짖었다.

제설 혼합주의 *점차 두 개의 종교를 혼합하여 결국 두 종교를 다 따르는 것—미셀*

루크: 많은 기독교인들이 자신의 기독교 신앙과 애국심을 결합합니다. 그래서 하나님을 사랑하는 것이 국가주의와 혼동되곤 합니다.

타라: 그건 매우 미묘한 문제라고 생각해요. 우리는 폭력의 문화 속에서 살고 있죠.

루크: 우리는 또한 소비주의에 젖어 있어요. 물건을 사는 것은 멋진 일이 되었습니다. 이것이 기독교 신앙과 결합하면 '부와 번영의 복음'이 되지요. 내가 정말 좋은 믿음이 있다면 하나님은 나를 백만장자로 만들어 주셔야 하는 겁니다.

조쉬: 저도 거기 꼭 넣어주세요. 하하

타라: 하지만, 우리가 살고 있는 문화에서 동떨어져 살 수는 없는 거잖아요?

미셸: 정확히 어떨 때 문화와 믿음을 섞는 게 잘못이죠?

마이크: 문화적인 경계선을 하나님 주변에 세워놓기 시작할 때 그렇게 되죠.

루크: 하나님을 길들이기 시작할 때이지요. 그게 우상숭배 아닌가요? 하나님을 자유파로, 보수파로, 백인으로 만들고, 모여서 피자 먹는 것으로 바꾸어 버리는 것 말입니다.

타라: 혹은 하나님을 위해 더는 힘들고 모험적인 일을 하지 않으려 들 때요.

4) 하나님은 그들을 이끌 사사들을 통해 일하시는 것으로 그들의 부르짖음에 반응하셨다.

5) 사사는 변형된 성전holy war을 통해 그들을 구하는 일에 동참하였다. 더 중요한 것은, 사사는 그들에게 출애굽을 상기시키고 하나님의 은혜로운 인도와 섭리를 기억하게 했다는 것이다.

6) 그러나 사사가 죽자마자 사람들은 망각에 빠져 하나님을 잊었고 이야기를 잊어버렸다. 그들은 그들의 구습으로 다시 빠져 들었다. 삿3-4장

우리에게 왕을 주소서. 사사기의 흥망성쇠의 사이클은 계속되고 시간은 흘러갔다. 이스라엘 백성은 그들의 사사였던 사무엘에게 자신들을 다스릴 왕을 지명해 달라고 요청했다. 적들은 침략하며 위협했고 사무엘의 아들들은 부패한 사사가 되었다. 게다가 그들 주위의 백성들에게는 모두 왕이 있었다. 그러나 사무엘은 하나님이 왕이 되는 광야의 꿈을 아직 간직하고 있었다. 그는 하나님께 나아가 어떻게 해야 할지 물었다. 주님은 "그들이 너를 거부하는 것이 아니다. 그들은 나를 거부하고 있다"라고 말씀하셨다.

사무엘이 사울에게 기름붓다—Marc Chagall

사무엘은 인간 왕들은 자신의 힘을 남용하고 사람들에게 세금을 부과하며 그들의 가장 좋은 땅과 소산물을 가져갈 것이고 결국 그들의 아들딸들을 종으로 삼을 것이라고 사람들에게 경고했다. 그러나 그들은 그의 말을 귀담아듣지 않았다. 이스라엘은 여전히 인간 왕을 요구했다. 사무엘은 주님께 다시 가서 사람들이 원하는 대로 해 줄 것을 지시하시는 주님의 말씀을 들었다. 삼상8장

이것은 오늘날의 우리에게 흥미로운 질문을 던진다.

백성들을 향한 하나님의 뜻은 무엇인가? 사람들이 인간 왕을 갖느냐 갖지 않느냐가 과연 하나님께 중요했던 것일까? 아니면 하나님은 정말 사람들이 인간 왕을 갖는 것을 원하셨던 걸까? 그리고 왜 하나님은 간단히 그들에게 순종하도록 강요하거나 또는 어떤 놀라운 기적을 행하셔서 그들이 그들의 유일한 왕으로서 주이신 야훼와 함께 있을 때 안전하고 보호받을 수 있다는 것을 증명하지 않으신 걸까?

이런 질문들은 복잡하지만, 매우 중요한 것이다. 왜냐하면, 사무엘상은 군주제에 대한 두 가지 다른 반응을 기록하고 있기 때문이다. 반 군주제적 성격은삼상8; 10:17-27; 12장 하나님이 백성들이 왕을 선택할 때에 그들에게 내릴 심판을 선언하시는 부분에서 나타난다. 첫 번째 왕으로 임명된 사울은 무능한 사람으로 판명된다. 친 군주제 성향은삼상9:1-10:16; 10:27-11:15 사울이 성령에 충만하여 예언하고 이스라엘을 이끌어 성공적인 성전을 치른 것에서 나타난다. 그는 심지어 자신에 대해 반대하는 자까지 살려주는 모습을 보인다. 그렇다면, 과연 어느 쪽 입장이 옳은 것일까? 다음 쪽의 "성경에서 하나의 이야기가 조금씩 다르게 나올 때"를 보라. 또한 185쪽의 "성경을 사용하는데 필요한 몇가지 팁"도 보라

루크: 또 하나의 역설 아닙니까? 하나님은 전지전능하시면서도 사람들에게 선택의 자유를 주셨다는 것 말입니다.

타라: 그리고 하나님은 사람들과 함께 머물기로 선택하셨죠.

마이클: 맞아요. 심지어 군주제가 잘못되어 무너져 가고 있을 때에도 말이에요.

루크: 하나님은 언제나 또 다른 길을 내십니다. 왕들이 부패하자 하나님은 선지자들을 보내셨습니다. 그리고 마침내 하나님이 "자 이제 내 친 아들을 보내야겠다"라고 말씀하시는 시점까지 오게 된 것이죠. 하나님은 늘 새로운 길을 여십니다. 정말 멋진 분이시죠.

하나님이 다스리는 방식. 사무엘 시대에 하나님은 홀로 통치자가 되기를 원하셨다. 하나님은 강제로 백성들이 하나님의 왕권 아래 머물도록 할 수 있었다. 그러나 그렇게 하는 대신

> 하나님이 당신에게 선택의 자유를 주셨다는 것을 깨달을 때는 언제 입니까?

성경에서 하나의 이야기가 조금씩 다르게 나올 때

성경에서 같은 이야기가 두 군데에서 약간 다르게 나올 때 사람들은 그것을 별로 좋아하지 않는다. 이것은 무엇을 의미할까? 하나는 맞고 다른 하나는 틀린 걸까? 성경이 하나님의 영감으로 된 것이 아님을 의미하는 것일까?

고대사회에서 이야기들이 어떻게 만들어지고 어떻게 작용했는지 이해하는 것이 설명하는 데 도움이 될 것이다. 그 시대에는 역사적인 정확성에 대해 오늘날과 다른 시각을 가지고 있었다. 고대세계에서는 더 큰 이야기 속에서 상징과 특별한 의미를 길어 올리기 위해 사실들을 사용하여 이야기의 본질을 소통하는 것이 중요했다. 예를 들어, 신약 기자 중 한 명인 요한은 예수께서 성전에서 돈 바꾸는 자들을 내쫓으신 이야기를 예수의 사역 초기부분에 집어넣었다. 하지만, 마태복음, 마가복음, 누가복음에서는 이 이야기가 사역 종반부 가까이에 나온다. 요한에게는 이 이야기를 함에 성전의 의미가 중요했지 그 사건이 언제 일어났느냐는 그리 중요하지 않았다. 자신의 책에서 그 중심 주제 중 하나는 건물로서의 성전이 아니라 예수가 바로 믿음의 중심이라는 것이었기 때문이다. 그래서 그는 이 이야기를 앞부분에서 하기로 한 것이다.

대부분의 구약의 이야기들은 그것들이 동물의 가죽이나 파피루스에 쓰이기 전 수백 년 동안 입에서 입으로 구전됐다. 이야기는 사람들의 정체성에 매우 중요했기 때문에 약간의 다른 버전으로 같은 이야기가 등장할 때(여러 집단이 같은 이야기를 구전해왔을 때 일어나기 쉬운) 히브리인들은 그 두 이야기 모두를 간직하고 보존했다. 이야기들은 매우 신성한 것이어서 하나의 이야기가 맞고 다른 하나는 틀린다고 선포하는 대신 편집자들은 이야기를 글로 옮길 때 종종 둘 다를 나란히 배치하였다. 그들은 각각의 이야기에 어떤 특별한 것이 있다고 믿었고 자신을 어느 이야기가 더 진실에 가까우냐를 판단할 수 있는 사람으로 여기지 않았다.

그들은 각각의 이야기에 어떤 특별한 것이 있다고 믿었고 스스로를 어느 이야기가 더 진실에 가깝느냐를 판단할 수 있는 사람으로 여기지 않았다.

이러한 관점에서 볼 때 우리는 여전히 성경이 하나님의 영감으로 된 것이라고 신뢰할 수 있다. 서로 간의 창조적인 긴장감을 가지고 함께 실어진 이야기들은 우리에게뿐만 아니라 서로에게도 말을 건넨다. 우리는 하나님의 뜻을 분별하기 위해 성경을 연구하고, 서로 다른 버전의 이야기들에 대해 토의해 보며, 성경 전체의 메시지와 특별히 예수의 삶과 가르침을 신중하게 활용할 필요가 있다.(194-5쪽의 신앙고백 요약본 4번째 성경에 대한 항목을 읽으라)

하나님은 사랑과 자비 안에서 자유로운 선택을 그들에게 주셨다. 그리고 그들은 인간 왕을 갖기로 선택했다. 하나님은 결국 다윗 왕가를 통해 당신의 목적을 이루신다. 성경 안에서 이런 식의 이야기가 계속 반복된다. 하나님은 1번 계획이 있으셨지만 사람들은 다른 길을 선택하고 그러면 하나님은 2번 계획으로 옮겨 가신다.

우리는 하나님의 직접적인 다스림이 가장 좋은 계획이고 군주제가 두 번째 선택인 것을 어떻게 알 수 있는가? 우리는 확실히 알 수 없다. 그러나 적어도 이야기 속에서 어떤 일이 벌어졌는지는 볼 수 있다. 군주제는 이스라엘로 하여금 하나님이 자기 민족에게 종속된 신이라는 잘못된 생각을 하도록 하는데 영향을 주었다. 군주제는 하나님이 특정 장소, 즉 그들의 성전聖殿에만 계시고 거기에서만 예배될 수 있는 분이라는 잘못된 생각을 강화시켰다. 이러한 변화의 그림자는 천천히 드리워졌고 몇몇 거룩한 왕들이 빛나는 본을 보이기도 했지만, 광야에서 의제를 설정하시던 하나님은 어느새 점점 정부를 축복하는 존재가 되었고 어느 곳에서나 경배받으시던 하나님이 이제 성전에서만 발견되게 되었다.

광야에서 하나님이 왕일 때, 희년 제도는 모든 사람의 필요를 충족시키고 아무도 축적하거나 탐욕을 부리지 못하게 했다.50쪽 참조 그러나 군주제 아래에서의 경제제도는 소수를 위한 풍요와 부를 가져왔고 나머지 사람들에게는 빈곤을 의미했다. 솔로몬 왕은 자신의 부를 늘리고 성전을 지으려고 백성들에게 가혹한 세금을 부과했다.

> **당신의 인생에서,** 당신을 향한 하나님의 원래의 계획을 당신이 선택하지 않았기 때문에 하나님이 2번 계획에 착수하셨다는 걸 깨달은 적이 있습니까?

> 당신은 광야의 하나님과 군주가 대신하는 하나님 중 어떤 하나님에 **더 편안함을 느끼십니까?** 당신이 한쪽 만을 강조할 때 어떤 일이 벌어질까요?

지도력 또한 달랐다. 광야에서 모세는 샬롬의 자유 공동체를 창조하기 위해 백성들과 함께 일했다. 그러나 이스라엘 왕들은 주변국의 이방 왕들과 똑같이 행동했다. 그들은 백성을 억압했고, 그것을 정당화하기 위해 종교를 사용했다.렘34:8-22 성전을 갖는다는 것 자체가 하나님이 왕들 편에 있다는 의미로 가정되었다.렘7:1-5 백성들은 그들을 위한 전투에서 점점 더 하나님을 의지하기보다 군사력에 의지하였다.

결국, 사무엘의 경고는 현실이 되었다. 이스라엘 왕들의 통치 아래에서 샬롬은 매우 드물었다. 예수가 오셨을 때, 그가 자신을 그의 조상들인 왕보다 선지자에 더 동일시했다는 것은 놀라운 일이 아니다. 예수는 변화산에서 다윗이나 솔로몬이 아닌 모세와 엘리야를 만나셨다. 이것은 하나님이 때론 정부를 통해 일하시지만 우리의 근원적인 충성은 하나님 한 분께만 있어야 함을 말해준다.

> 199쪽 믿음의 고백 요약본에서 23번째, 교회와 정부에 관한 항목을 보라

우리가 예수를 보는 방식, 우리가 우리 자신을 보는 방식

우리가 구약에 있는 이야기들을 어떻게 보는가는 우리가 예수를 어떻게 바라보며 그리스도인으로서 어떻게 믿고 행동하는가에 많은 영향을 끼친다. 만약 군주제가 하나님이 정말 원하신 것이었다고 생각한다면 우리는 군사를 거느린 왕으로서의 예수를 강조하는 경향성을 갖게 될 것이고 이는 쉽게 하나님과 부, 국가 등을 결합한 믿음을 합리화하도록 할 것이다. 하지만, 광야의 삶을 좀 더 이상적으로 본다면 우리는 좀 더 쉽게 예수를, 모든 사람이 하나님을 따르고 그분 안에서 어느 나라도 더 뛰어나지 않은 평화의 공동체를 회복하시기 위해 종의 몸을 입고 오신 섬김의 왕으로 받아들일 수 있을 것이다. 하나님의 사람들은 재력이나 군사력이 아닌 하나님을 신뢰하는 가운데 비폭력적으로 문제들을 해결한다. 하나님의 사람들은 모든 사람이 평화를 갖도록 희년의 기준으로 살아가기를 자원한다.

예언자들이 비전을 유지하다

수많은 일이 다양한 방법으로 잘못되어 갔지만, 하나님은 백성의 유익을 위한 일들을 계속하셨다. 이제 하나님은 사사 대신 예언자를 부르셨다. 그들은 하나님의 말씀을 선포했는데, 특히 권력자들에게 그렇게 했다. 그들은 고통당하는 자들을 위로했고 안락한 자들을 고통스럽게 했다. 그들은 왕이 모든 이를 위한 샬롬의 정의를 망각할 때 그들에게 도전했다. 암2:6-16:4 그들은 우상숭배를 꾸짖었다. 왕상18장 그들은 가난한 자들의 옹호자가 되었다. 렘 5:26-29; 암8:4-8

> 하나님이 당신에게 보낸 **선지자**들은 누구입니까? 당신은 그 메시지를 듣고 있습니까?

예언자들은 거듭해서 백성들이 출애굽 이야기를 상기하게 했고, 샬롬의 비전과 하나님이 어떠한 분이신지를 바라보게 하였다. 예 암3:1-2 결과적으로 그들은 그 비전 때문에 핍박을 받았다. 렘37-38장 여러 관점에서 그들은 예수의 사역을 반영한다. 비록 예수는

믿음 안에 살아가며

호프 펠로우십(Hope Fellowship)은 다양한 언어와 문화를 가진 이웃들이 함께 모여 예배하고 삶을 나누는 기독교 공동체이자 교회라고 할 수 있다. 우리는 샬롬 미션 공동체들(Shalom Mission Communities)과 관련을 맺는 아나뱁티스트 공동체이다.

일 년 동안 '하나님의 경제학' 이라는 주제를 함께 공부하고 나서 우리 공동체 내 한 그룹의 사람들이 겨자씨 재단(Mustard Seed Fund)이라는 것을 만들어 우리가 배운 것들을 삶으로 살아보고자 하는 시도를 시작하였다. 이 재단의 기본적인 생각은 무이자로 서로에게 대출해줄 수 있는 공동저축예금을 만드는 것이었다. 사람들은 공동체 사람들을 돕는 데 쓰일 수 있도록 일정기간 동안 이 계좌에 예금을 할 수 있으며 대출을 해주는 목적은 높은 이자의 부담을 덜어주는 것, 학비, 여행비용, 목돈이 들어가는 구매 등이 될 수 있다. 우리는 머지않은 미래에 겨자씨가 자라나 일자리를 제공해주고 공동체에 힘이 되어주는 작은 사업체를 시작하는데 이 자금이 사용될 수 있는 날이 속히 오기를 소망한다. 우리는 이것이 '재산과 소유를 팔아 각 사람의 필요를 따라 나눠 주고(행 2:45)' 라는 사도행전의 말씀을 실천하는 한 가지 방법이라고 믿는다.

〈텍사스 와코에서 Lucas Land〉

마지막 심판에 대해 선포하는
요엘 선지자—M Chagal

왕이셨지만 그는 왕의 비전보다는 예언자의 비전과 일치하는 삶과 가르침을 보여준 종이었다.

왕국의 분열. 예언자들이 하나님의 말씀을 백성들에게 선포했지만, 문제들은 계속 일어났다. 이스라엘의 통일 왕조는 100년 동안 세 왕에게서만 유지되었다. 솔로몬 왕 시대쯤 되어서는 이집트에서의 노예 생활에서 해방된 지 400년밖에 되지 않았지만 백성들은 이미 자신들이 스스로 만들어 놓은 것들의 노예가 되어 있었다. 그리

바알

이스라엘을 둘러싸고 있던 다른 나라들은 성경에서 바알이라고 부르는 신들을 섬겼다. 바알 숭배자들은 이 신들을 하늘 저 너머에 살며 기도를 드리고 의식을 행하면 그것에 영향을 받는 존재로 보았다. 인간이 자신의 의무를 행하면 바알도 자신이 해야 할 부분을 해야 하는 것이었다. 그러나 야훼, 주님은 매우 달랐다. 하나님은 인간의 역사에 친히 들어오셔서 바로의 노예들을 구해내기 위해 주도적으로 일하셨다. 하나님은 그들을 구하도록 끌어들여진 것이 아니었다. 하나님은 그들을 사랑하셨다. 마찬가지로 이스라엘 사람들도 마땅히 하나님을 경배해야 했다. 특별한 부탁을 들어주도록 히기 위해서가 아닌, 하나님이 사랑으로 행하시는 일들에 감사하여 드리는 경배를.

고 이제는 왕국이 두 개로 나뉘게 되었다. 열 개의 북쪽 지파들인 이스라엘은 왕과 예루살렘이 있는 두 개의 남쪽 지파인 유다와 베냐민 지파에 반란을 일으켰다.

분열이 일어났지만, 어느 쪽도 하나님께 더 가까이 나아가지 않았다. 두 나라 모두 바알 숭배와 사회적 불의 때문에 고통을 당했다.왕상16:29-34; 왕상21:1-9 그러면서도 양쪽 모두 여호와 하나님은 오직 자신들의 하나님이며 자기들의 영토에서만 하나님을 만날 수 있다고 확신했다. 유다의 히스기야와 요시아 왕에 의해 개혁이 일어났지만,왕하18, 22장 하나님의 심판을 피할 수는 없었다. 이스라엘은 기원전 722년에 앗수르에 포로로 잡혀갔고 북쪽 열 지파는 흩어졌으며 역사는 사라졌다. 유다는 587년 바빌론에 의해 멸망 당했다.

심판 속에 있는 은혜

유다 백성은 바빌론에 포로로 잡혀가 거기서 70년을 보냈다. 이는 극심한 고통이었다. 그러나 이런 경험은 그들이 한 민족으로 생존하는데 매우 중요한 경험이었다. 바빌론에 사는 동안 그들은 하나님이 성전에서만 예배받으시는 분이 아니라는 것을 깨달았다. 그들은 작은 그룹으로 회당에서 모였고 예루살렘에서보다 더 실제적으로 예배에 참석했다. 성전이 없어도 사람들은 토라 또는 율법이라 불리는 성경의 처음 다섯 책과 그 외 다른 거룩한 기록들을 새롭게 보기 시작했다. 그들의 정체성을 유지하기 위해 그들은 그들의 이야기를 더 모으고 조직화하고 기록했다. 이런 과정을 거쳐 하나님의 백성은 더 강해졌고 처음으로 유대인이라 불리게 되었다. 그들은 자신들의 정체성을, 그리고 자

> 당신의 인생에서 심판이 은혜와 함께 있었던 적은 언제였습니까?

신들의 이야기를 다시 발견하였다.

두 번째 출애굽. 그들이 포로로 잡혀간 지 70년 되던 해, 하나님의 백성들은 집으로 돌려보내어졌다. 어떤 면에서 이것은 두 번째 출애굽처럼 느껴졌다.렘16:14-15 첫 번째 출애굽에서 그랬듯, 이제 사람들에게는 광야 체험의 이상ideals을 살아낼 또 한 번의 기회가 주어진 것이다. 게다가 어떤 면에서 보면 이번이 훨씬 더 조건이 좋았다. 안식과 하나님을 예배하는 다른 측면들이 더 큰 의미를 갖게 되었다. 사람들은 하나님의 율법인 토라를 연구했다.

그러나 여러 가지 면에서 그들은 부족했다. 바른 삶을 통해 하나님을 예배하라는 명령은 그들에게 여전히 큰 도전이었다.사58장 그리고 모든 것을 온전히 하나님께 의지하는 법을 배워야 하는 계속적인 필요가 있었다. 아마도 그들의 가장 큰 딜레마는 자신들이 어떻게 다른 사람들을 축복하는 선택된 민족이 될 것인가에 있었던 듯 하다. 예루살렘에는 포로로 끌려가지 않고 남아 있던 작은 무리의 유대인들이 있었는데 이들은 그 사이 다른 민족과 결혼을 하였다. 유배되었던 유대인들이 돌아왔을 때 그들은 이 이방 배우자들과 자녀들을 어떻게 해야 할지 결정해야만 했다. 에스라는 개혁을 이끌었고 모든 유대인에게 이방인을 떠나 보내라고 요청했다.

한편으로 에스라는 정결에 관심이 있었다.스9:1-4 율법의 일부는 외국인과의 결혼을 실제적으로 금지했다. 출34:15-16, 신

바벨론 포로 시절

7:3-4 그리고 그는 하나님께 순종하기를 원했다. 하나님을 경외하는 것에 대한 관심은 우리가 존경해야 할 부분이다. 다른 한편 에스라는 이방인들이 다른 혈통이라는 이유로 하나님을 경배하는 것에서 그들을 배제했다. 그는 성경 이야기에 많은 이방인이 포함되었던 순간을 잊었던 것 같다. 예를 들어 이집트를 나올 때 많은 이방 노예들이 이스라엘 사람들과 같이 나왔고 비유대인 여인인 라합과 룻이 이스라엘인과 결혼하여 왕의 조상이 되었다. 그는 아브라함과 모든 그의 후손들이 무엇을 위해 선택되었었는지 잊었던 듯 하다. 지구상의 모든 가족을 축복하도록 선택되었다는 것을창12:3… .

이렇게 구약 성경이야기는 끝나게 된다. 많은 갈등이 여전히 존재하고 많은 의문이 풀리지 않은 채 끝났다. 그러나 우리가 다룬 내용의 배경을 잘 살펴볼 필요가 있다. 하나님의 백성은 언약에 대한 자신들의 책임을 여러 번 위반하였

타라: 도대체 에스라가 한 일 중에 잘못한 게 뭔가요?

마이크: 우리는 하나님이 모든 사람을 사랑하신다는 걸 기억해야 해요. 중요한 건 당신이 순종하는가 그렇지 않은가 이지요.

타라: 하지만, 이스라엘 사람들에게 이방민족들은 자신의 신들을 숭배하도록 유혹하고 하나님과의 언약을 깨도록 하는 위협적인 존재가 아닌가요? 출애굽기에 "이방사람과 결혼하지 말라"는 구절도 있지 않나요?

조쉬: 어 하지만, 룻의 이야기를 잊은 건 아니겠죠? 이방인이었던 룻은 이야기의 주인공이고 이스라엘 사람과 결혼했어요.

루크: 자 그럼 다시 한번 질문해보겠습니다. 만약 내가 그 떠나야 했던 이방 아내 중 하나였다면 어땠을까요? 왠지 불공평하게 느껴질 것 같군요. 아…. 그 당시 하나님이 나머지 모든 사람에게는 무얼 하고 계셨던 건지 성경이 좀 더 상식적인 이해를 줄 수 있으면 좋을텐데…

미셀: 세상을 따르지 말라는 부르심과 증인으로서 세상 안에서 살아가라는 부르심 사이에는 분명한 긴장이 존재합니다. 이 이야기는 그러한 긴장을 보여주는 것 같네요.

다. 그들은 광야의 비전을 잊어버렸다. 그들은 하나님을 예배하는 것과 이방 종교를 혼합시켰다. 그러나 하나님은 여전히 신실하셨다. 하나님은 사사들을 보내셨고 후에는 예언자들을 보내셨다. 그분은 군주제와 같이 완전하지 않은 상황 속에서도 신실하게 일하셨다. 사람들이 진실로 절망적이었을 때 하나님은 그들을 구하셨다. 그리고 심지어 이방국가에 끌려가 주권을 빼앗긴 채 감내해야 했던 포로생활조차도 사실은 심판이라는 가면을 쓴 그들에 대한 하나님의 축복이었다.

포로생활 이후, 하나님의 백성은 새로운 종류의 지도자 즉, 마침내 그들이 하나님 앞에서 온전히 신실하게 살아갈 수 있도록 도울 수 있는 그런 지도자를 갈망하기 시작했다. 그들은 이 지도자를 메시아 또는 "기름부음 받은 자"라고 불렀다. 때때로 그들은 페르시아의 고레스왕 같은 사람을 메시아라고 선포하기도 했다. 왜냐하면, 그는 바빌론을 물리치고 유대인들이 고향으로 돌아갈 수 있도록 했기 때문이다.사45:1 하지만, 이러한 때를 제외하고 보통 그들은 하나님이 마지막 메시아인 특별한 사람을 보내줄 때를 간절히 고대하였다.사42, 49, 61장 그가 언제 올까? 그는 어떤 분이실까? 이것이 다음 장의 내용이다.

이 장의 요약

- 하나님은 궁극적인 계획을 가지고 계시지만, 우리가 잘못된 선택을 할 때에도 우리와 함께 계신다. 하나님은 우리가 자유로운 선택을 할 수 있게 하신다. 그래서 우리는 때때로 믿음이 부족한 상태에서 선택하게 된다(예를 들어 이스라엘이 가나안에서 돌아서서 광야로 다시 돌아간 것이나, 하나님 대신 인간의 왕을 선택한 것). 이런 선택들은 고통스러운 결과를 가져온다. 그러나 "심판"은 우리를 더 좋은 곳으로 인도한다.

- 하나님은 우리가 신실할 수 있도록 사람들을 보내신다. 성경에서 하나님은 우리가 하나님의 길을 기억하도록 사사와 예언자들을 보내셨다. 그들의 메시지는 종종 인기가 없었지만, 하나님의 백성이 그 말을 듣기만 하면 상황은 훨씬 좋아졌다.

- 혼합주의 즉, 두 믿음의 헌신을 섞는 것은 우리 신앙에 치명적일 수 있다. 이스라엘 사람들은 미혹되어 야훼와 우상을 함께 예배했다. 자신들에게 안전한 쪽을 선택한 것이다. 우리는 또한 우리 문화의 가치와 신앙을 혼합함으로써 우리 믿음을 타협할 수 있다. 하지만, 동시에 하나님은 타인을 사랑하고 환대하라고 우리에게 요청하신다.

- 하나님은 가장 어두운 시간에도 우리와 함께 하신다. 유다와 이스라엘 사람들이 포로였을 때, 그들은 자신들이 이 세

상의 가장 밑바닥에 떨어졌다고 생각했다. 그러나 하나님은 거기에서도 그들과 함께 계셨다. 하나님은 고통스러운 경험을 활용하셔서 우리가 있어야 할 자리로 돌아가게 하신다.

● 우리가 성경을 어떻게 보느냐에 따라 우리가 예수를 보는 방법과 그리스도인으로서의 우리의 삶에 대한 이해가 결정된다. 성경에 있는 이야기들은 그런 식으로 되었어야만 했던 일들이 아니라 실제로 일어났던 일들을 우리에게 말해준다. 이렇게 섞여 있는 전체의 이야기 속에서 우리는 하나님이 어떤 분인지, 그리고 어떻게 하나님께 신실할 수 있는지 이해해야만 한다.

영성 훈련을 위한 과제

우리 삶에는 우리의 궁극적인 신뢰를 요구하는 많은 일들이 있다. 그리스도인이 된다는 것은 상당한 경우 어떠한 상황에서도 그 어떤 다른 것보다 하나님을 신뢰한다는 것을 의미한다. 삶의 어려움이 닥쳤을 때, 하나님 대신 의지하고 싶었던 것이 무엇이었는지 한 번 생각해 보고 목록을 만들어 보라. 내 필요에 따라 이런저런 신들을 섞어 내 삶에 만들어놓지는 않았는가? 달리 말해, 혹시 말로는 하나님을 신뢰한다고 하면서도 다른 어떤 것을 의지하고 있지는 않은가? 당신의 "바알"들에 대해 묵상해 본 후 하나님께 편지를 써보라. 하나님께 용서를 구하고 그분을 더욱 신뢰하며 그분의 능력을 경험하게 해달라고 도움을 요청해보지 않겠는가? 어떤 편지를 쓰겠는가?

4장의 주제들

- 하나님이 인간의 형상으로 오다
- 예수: 다른 종류의 메시아
- 마음으로부터의 희년의 삶
- 모든 사람을 위한 좋은 소식, 심지어 원수들에게도
- 말씀들, 행동들, 그리고 구원
- 따르라는 부름

주요 이야기

예수가 나셨다

치유하고 가르치는 예수의 사역

4. 예수의 출현

1세기 팔레스타인의 모든 사람은 자신들을 억압에서 구해 줄, 하나님이 보내실 메시아를 간절히 원하고 있었다. 로마제국은 잔인했다. 많은 사람이 굶주림에 이를 정도로 많은 세금을 냈다. 어떤 사람들은 자신과 자녀들을 종으로 팔았다. 문제를 일으키는 사람들은 십자가에 못 박혔다. 로마 사람들이 "높이 뛰어!"라고 하면 유대인들은 "얼마나 높이요?"라고 물어야했다. 이것이 예수가 태어난 세상이었다. 정치적 자유가 없었고, 거리는 안전하지 않았으며, 많은 가난한 사람들이 있었다. 미래는 절망적일 뿐이었다.

유대인들은 출애굽을 기억했다. 그들은 다시한번 구원을 소망했다. 일부의 유대인들은 군사적 해결책을 열망했고, 다른 사람들은 하나님이 자신들을 구원하시도록 근본적인 순종으로 인도하는 또 한 명의 모세가 나타나기를 열렬히 기다렸다. 그러나 모든 사람이 똑같이 원하는 것이 있었다. 그것은 바로 로마인들을 없애는 것이었다.

겸손한 탄생과 비천한 장소. 예수는 갈릴리 북쪽지역에 거주하는 한 목수 부부에게서 태어났다. 그들은 아이에게 당시 매우 흔한 이름을 주었고 아기가 베들레헴에서 태

> 나는 예수를 그저 훌륭한 선생님 정도로 생각했었다. 그럭저럭 괜찮다고 생각할 수도 있지만 사실 예수를 이렇게 생각하는 건 그분을 칭찬하는 척 하면서 헐뜯는 것이나 마찬가지다. 그는 최고의 교사이다. 하지만, 실은 이것도 충분치 않다. 그분은 그 이상이시다. 그분이 행하신 기적이나 그분이 온전히 하나님으로 존재하셨던 것을 무시할 수는 없다. 나는 단순히 좋은 선생님을 원하지 않는다. 나는 내 삶을 바꾸고 변화시킬 수 있는 분을 원한다.
> **마이크**

어난 후 시골에서 살았다. 그가 태어날 때, 정부의 축하 행렬은 없었다. 성전으로 가는 종교적 호위 행렬도 없었다. 예수는 여관에 방이 없었기 때문에 마구간에서 태어났다. 그리고 그의 출생에 대한 좋지 않은 소문이 동네에 퍼졌다. 예수의 삶은 매우 겸손하게 시작되었다. 마1:18-25;눅2장, 막6:3

그러나 비범했던 삶. 예수의 탄생은 평범하면서도 비범했다. 그는 처녀의 몸에 초자연적으로 잉태되었고눅1:26-38 동방박사들은 경의를 표하려고 그에게 왔다. 마2:1-12 사람들이 생각하기에 그들의 직업이 너무 불결해서 회당에서 예배하기 어렵다고 여겨졌던 목자들도 예수를 경배했다. 눅2:8-20 여러면에서 예수는 잘 알려지지 않았다. 그러나 다른 면에서 그는 너무도 잘 알려졌다. 헤롯은 그를 죽이고 싶어서 베들레헴에 있는 아이들을 모두 살육하였다. 마2:16-18

여호와가 구하신다.

조쉬: 밥이라고 이름 지은 거나 마찬가지네요? 그건 너무 무례한 거 아닌가요?

미셸: 하지만, 세상에 있는 모든 이름 중, 예수라는 이름은 정말 완벽하다고 생각해요. "여호와(주님)가 구하신다" 라는 뜻이거든요. 그리고 예수가 누구이신지를 생각하면 그 이름은 정말 특별한 의미를 갖지요. 그때에 는 많은 작은 소년들이 예슈아(예수)라고 불렸어요. 한 인간으로서 예수는 우리가 경험하는 모든 것을 친히 경험하셨어요(히4:15). 보세요. 이게 바로 성육신이에요. 온전히 하나님이지만 동시에 흔한 이름을 가질 정도로 온전히 인간인 것!

루크: 하필 왜 동정녀 탄생 이야기일까…?

미셸: 마태와 누가는 이 이야기를 포함시킬 어떤 동기도 없었죠. 그게 사실이 아니었다면 말이에요. 그 당시 이교들은 비슷한 이야기들을 가지고 있었어요. 신에 의해 수태된 여인에게서 태어난 신이나 영웅들 이야기 말입니다. 그게 사실이 아니라면 왜 기독교도들이 이렇게 이교들과 유사한 부분을 굳이 포함시켜서 예수가 하나님의 아들이라는 자신들의 메시지를 옹호하려 했겠어요?

타라: 완벽하게 설명될 수 없는 어떤 신념들을 받아들이는 것 없이 믿음을 갖는다는 것은 불가능하다고 생각해요. 요점은, 초자연적인 일들을 행하시는 하나님을 믿기로 하느냐 아니면 믿지 않기로 하느냐, 이거 아닐까요?

예수: 고정관념을 뛰어넘는 삶

이후 30년 동안, 12살에 성전으로 여행하신 적이 있다는 사실외에눅2:41-52 예수께서 무엇을 하셨는지 복음서는 특별히 말하고있지 않다. 복음서는 예수께서 어른이 되어 그의 친척 요한이 준 침례를 받은 사건을 뽑아 이야기한다. 눅3:21-22 요한은 유대인들을 그들의 죄 된 행동과 태도에서 돌아서는 회개로 부르고 있었다. 예수는 죄가 없으신 분이심에도히4:15 침례를 부탁하셨다. 왜 그랬을까?예수가 그 당시 사람들과 지금 우리를 위한 모형이 되기 원하셨음은 분명하다. 그러나 또 다른 일이 진행되고 있었다.

> **성육신:** 하나님이 예수 그리스도 안에서 인간의 형태를 취하셨다는 믿음

요한이 예수를 침례 주었을 때, 한 목소리가 하늘로부터 들렸다. "너는 내 사랑하는 아들이라 내가 너를 기뻐하노라."눅 3:22 이 말은 유대인에게 특별한 의미가 있는 성경의 두가지 사실을 포함한다. "너는 내 사랑하는 아들이다"라는 말은 시편 2편으로부터 왔는데, 왕이 새로운 지도자로 임명될 때 사용되었다. "내가 너를 기뻐하노라"라는 말은 고난받는 종에 대한 이사야의 예언의 일부였다.사42:1 이 두 곳의 말씀이 함께 놓여 예수에게 그리고 청중에게 예수가 누구인지에 대한 하나의 메시지를 보냈다. 예수는 왕이었는데, 종된 왕이었다.눅3:21-22

> **당신이 예수를 신으로만 본다면**, 십자가 상에서의 그분의 죽음은 많은 것을 의미하지 않을 거예요, 왜냐하면 그가 별 고통을 느끼지 않았을 테니까요. 그리고 당신은 모든 그분의 도덕적 가르침들을 대수롭지 않게 생각하고 그저 기적들에나 초점을 맞추겠죠. 하지만, 반대로 예수를 단지 한 인간으로만 본다면, 당신은 그분의 기적들과 부활을 평가절하하게 되죠. 그래서 그분이 하나님이었음과 동시에 온전한 인간이었음을 생각할 때마다 저는 정말 흥분되요. 조쉬

어떤 메시아인가? 예수는 하나님이 자신이 어떤 메시아가 되도록 부르셨는지 숙고해야 했다. 그래서 그는 40일 동안 광야에 있었다눅4:1-13. 거기서 사단또는 악마은 가 어떤 왕이 되어야 하는지에 대한 자신의 생각으로 예수를 유혹

했다. 사단은 예수에게 세 가지를 제시했다. 첫번째는 돌을 빵으로 바꾸어 그의 배고픔을 해결하라는 것이었다. 결국, 예수는 40일동안 굶으셨다. 사단은 다시 자신에게 절하고 경배한다면 세상의 모든 정치적 권세를 주겠다고 예수에게 제안했다. 마침내 사단은 예수를 성전 꼭대기로 데려갔다. 여기서 사단은 천사들이 그를 지켜줄 것임을 상기시키며 성전 꼭대기에서 뛰어내려 이를 증명하라고 했다.

해로운 것이 무엇이 있는가? 돌을 빵으로 바꾸는 것이 무슨 문제인가? 오천명을 먹이실 때 비슷한 일을 하신 것이 아닌가?눅9:10-17 만약 그가 정치 군사 권력을 가진다면 하나님을 경배하도록 전 세계를 "부드럽게 설득할" 수 있지 않겠는가? 하나님의 권능을 드러내려면 성전 지붕에서 뛰어내리는 것이 얼마나 좋은 생각인가! 이런 일은 분명히 사람들을 감동시켰을 것이다.

그러나 예수의 대답은 '아니, 그렇게 하지 않겠다'였다. 돌을 떡으로 만드는 것과 같은 유혹들은 그 자체로는 큰 문제가 아니었다. 더 큰 문제는 예수가 어떤 메시아가 될 것인가 하는 것이었다. 어떤 식으로든 경제적인 인센티브나, 군사력, 또는 기적으로 사람들을 놀랍게 함으로서 사람들을 강요하는 것은 하나님의 방법이 아니다.

예수도 이러한 일들을 하신 적이 몇 번 있다. 그는 다섯 덩어리 빵과 두마리의 물고기로 오천명을 먹이셨다.눅9:10-17 그는 많은 기적들을 행하셨다. 그러나

미혹은 그 자체로 죄는 아니다

그 미혹하는 것에 넘어가는 것이 잘못인 것이다. 새롭게 그리스도인이 된 많은 사람은 이것 때문에 씨름한다. 그들은 자신들 마음속에 이러한 유혹들이 있기 때문에 자신이 정말 형편없는 존재이고 하나님을 언짢게 만든다고 생각한다. 하지만, 모든 사람은 다 미혹을 받는다. 문제가 되는 것은 우리가 그 미혹하는 것에 넘어갈 때이다. - 로젤라

그는 종종 병고침을 받은 사람들에게 그들이 치유된 것을 알리지 말라고 하셨다. 막3:7-12 예수는 사람들이 자신의 능력을 증명하라고 할 때는 기적 행하는 것을 거절하셨다. 막8:11-12 예수는 자신이 경제 해결자, 기적을 행하는자, 또는 군사적 메시아가 된다면 사람들은 사랑에 기인하여 그를 따르지 않을 것을 알았다. 그는 만약 자신이 이런 메시아 중 하나가 된다면 하나님을 온전히 따르는자 앞에 놓이게 될 길과 앞으로 자신 앞에 놓이게 될 것을 피할수 있게 될 것임을 알고 있었다. 그는 고통을 피할 수 있었다. 그는 십자가를 피할 수 있었다. 그리고 바로 그것이 진짜 시험이었다.

그러나 이런 시험 앞에서 예수는 '아니' 라고 말했다. 그는 사람들이 그를 따르도록 속이거나 강요하지 않았다. 그는 쉬운 길을 택하지 않았다. 그리고 그렇게 함으로써 그는 고난을 받아들였다.

믿음으로 살아가기

예수께서 그 옛날 회당에서 선포하신 은혜의 말씀은(눅4:18-19) 오늘날에도 여전히 사람들을 흔들어놓는다. 내가 참석하는 교회의 구성원 중 상당수는 알코올중독이나 학대, 깨어진 가정 등 매우 힘든 상황 가운데에서 예수를 만나게 된 사람들이다. 그들 대부분은 증명서가 없는 이민자들로서 이미 이 사회의 변두리를 살아가고 있다. 많은 사람, 심지어 그리스도인들조차도 이들이 살고 있는 삶은 오롯이 자신들이 선택한 결과일 뿐이라고 말할 것이다.

그러나 이들의 삶은 우리가 완벽해야만 하나님이 우리 삶에 일하실 수 있는 것은 아니라는 사실을 보여주는 살아있는 본보기 그 자체이다. 예수 그리스도의 복음이 실로 모든 이들을 위한 것임을 자신들의 삶을 통해 경험한 이후 그들은 예수의 복음을 가장 기쁘게 전하는 자들이 되었다. 교회는 우리가 함께 고통을 짊어지고 두려움에 직면하며 하나님의 은혜에 의지하며 나아가도록 하는 장소이다. 사르밧의 과부가 자신의 아들이 살아난 후 엘리야의 거룩함을 알리기 원했던 것처럼(열상17:24) 우리 교회의 형제 자매들도 하나님이 오늘날 어떻게 자신들의 삶에 질서와 평화 그리고 기쁨을 가져다주셨는지 그 은혜를 나누기를 간절히 원한다. 그들은 이 소식을 널리, 모든 사람에게 전하고 싶어한다. 소외된 이방인이었던 자신들이 깊이 받아들여지고 예수에 의해 변화되었다는 그 소식을 〈펜실베니아, 필라델피아에서 Maria C.M.Byler〉

> 나사렛 사람들이 예수를 벼랑에 던져버리고 싶어했던 것처럼 **예수의 가르침 중에 일부가 당신을 미치게 하는** 것이 있습니까? 만약 아니라면 그의 가르침 중에 매우 어렵거나 두려워보이는 것들은 따르지 않아도 된다고 생각하기 때문 아닙니까? 오늘 예수께서 당신에게 무엇을 말씀하십니까? 가르침이 어렵고 무서울때도 당신이 예수를 따르도록 예수께서 당신을 돕고 있습니까?

모든 사람을 위한 희년. 예수께서 자신이 되지 않을 메시아의 모습을 결심하고 나서 이제 자신이 어떤 메시아가 될 것인지에 대해 알려야 했다. 그는 자신이 자라난 나사렛으로 가셨다.눅4:16-30 그곳의 회당예배에서 그는 이사야의 글을 읽으셨다. "주의 성령이 내게 임하셨으니 이는 가난한 자에게 복음을 전하게 하시려고 내게 기름을 부으시고 나를 보내사 포로된 자에게 자유를 눈 먼 자에게 다시 보게 함을 전파하며 눌린자를 자유롭게 하고 주의 은혜의 해를 전파하게 하려 하심이라."눅4:18-19

예수께서 앉자, 모든 사람의 눈은 그를 바라보고 있었다. "이 글이 오늘 너희 귀에 응하였느니라"라고 예수께서 말씀하셨다. 이제 그들은 매우 놀라게 되었다. 이 사람은 저 길가에 살던 요셉의 아들이 아닌가? 그러나 그가 읽은 목소리에는 그들에게 어떤 느낌이 일도록 하는 무엇인가가 있었는데, 그것은 그가 방금 읽은 희년의 말씀이 곧 그들의 것이 될 것 같은 그런 느낌이었다. 그들은 이런 예언의 말씀이 현실이 되기를 고대해왔다. 이것은 놀라운 소식이었다.

예수께서는 이런 좋은 소식에서 한 걸음 더 나아가셨다. 그는 사르밧의 과부왕상17:8-24나 시리아의 나아만왕하5:1-19 같은 이방인을 도운 예언자들에 대해 이야기했다. 포로된 자들이 자유케 되고, 눈먼 자가 보게되고, 가난한자를 위한 음식이 준비되는 이 좋은 소식은 이스라엘과 이방인을 위한 하나님의 열망이었다. 예수께서 말씀하신 이 좋은 소식은 단지 유대인만을 위한 것이 아니었다. 하나님은 항상 이것을 모든 사람, 모든 민족, 모든 인종을 위해 의도하셨다.

이제 그들은 예수를 죽이고 싶었다. 잠시나마 그를 존경했던 사람들은 너무 화가나서 그를 벼랑 아래로 떨어뜨리려고 했다. 놀라운 마을소년이 갑자기 위협이 되었다. 예수가 어떻게 감히 그들이 하나님의 선민이라는 고귀한 믿음에 반대한단 말인가? 어떻게 감히 예수가 유대인들이 하나님 주변에 쌓으려 했던 민족적 경계를 허물려고한단 말인가? 이것은 상상도 할 수 없는 일이었다!

> **"온유하신 예수, 부드럽고 정중하신 …."**
>
> 이게 정말일까요? 예수가 회당에서 한 남자를 고쳐주시고 바리새인들이 이에 대해 격분하고 예수를 반대했을 때 예수는 그들을 둘러보시고 "…노하셔서…그들의 마음이 굳어진 것을 탄식…"하셨어요(막3:5). 그리고 또 성전을 깨끗하게 하신 일도 있었지요(마태 21:12-13). 예수도 감정을 가지고 있었어요. 그분에게는 사람들에게 맞설 용기가 있었어요. 예수는 언제 온유해야 하는지 그리고 언제 사람들을 온유하게 해야 하는지 잘 아셨지요. – 로젤라의 일기:

산상수훈 –젠 루이켄

온전한 사람the whole person**이 되는 좋은 소식.** 예수는 나사렛 회당에서 읽은 것을 현실로 만들었다.

> 그의 죽으심과 부활처럼 그의 삶과 가르침도 여러분에게 동일하게 중요합니까? 예수가 100% 인간이며 100% 신이라는 것이 무엇을 의미합니까? 이런 관점이 당신의 믿음과 삶에 어떻게 영향을 미칩니까?

- 예수는 육체적 질병을 고쳤다.
- 그는 경제적 불의에 반대했고, 부자들에게 자신의 부를 나누도록 말했다.눅18-19 그는 사람들이 어떠한 삶의 길에 있든 모두에게 "희년의 해"를 가져왔다.눅7:18-23
- 예수는 마음의 이해와 영혼의 치유를 가져오셨다.요3-4장; 눅10:38-41)
- 예수는 사람들이 용서를 발견하도록 도왔다 . 막2:1-12
- 그는 귀신을 내어쫓았다.눅4:31-37
- 예수는 죄의 파괴적인 힘으로부터 사람들을 자유케했다. 그는 죄를 정죄함과 동시에 죄인들을 사랑했다 . 요8:1-11

출애굽의 하나님처럼 예수는 모든 종류의 억압을 보았고, 그 억압으로부터 사람들을 구원했다.

원수를 사랑하기. 여기 자유롭게 되기를 원하는 한 사람, 젊은 율법사가 있었다. 그는 예수께 영생을 얻으려면 무엇을 해야하는지 물었다. 예수는 그를 위해 율법에 나온 가장 큰 계명을 되풀이해주었다. "네 마음을 다하며 목숨을 다하며 힘을 다하며 뜻을 다하여 주 너의 하나님을 사랑하고 또한 네 이웃을 네 자신같이 사랑하라… 이를 행하라 그리하면 네가 살리라.눅10:25-28, 신6:4-5 그러나 그는 자신을 옳게 보이려고 "그러면 내 이웃이 누구입니까?"라고 물었다.

예수는 한 비유를 말해 주었다. 세 사람이 부상당해 길에

돌아온 탕자 - 렘브란트

누워있는 한 사람을 보았다. 처음 두 사람은 종교적인 사람으로 제사장과 레위인이었다. 그들은 죽어가는 사람을 도우려고 멈추지 않았다. 아마도 그들은 자신들을 더럽히지 않고, 성전에서 종교적 의무를 다하려고 그렇게 했을 것이다. 세번째 사람이 왔는데 그는 사마라아인이었다. 그는 멈춰서 그 부상당한 사람을 돕고, 심지어 여관에서 특별한 돌봄을 받을수 있도록 자신의 돈을 지급하기까지 그를 도왔다. 눅10:25-37

이 이야기는 우리가 그 당시 사마리아 사람들은 혼합 결혼 때문에 불결하고 낮은 계층으로 취급되었으며 멸시받는 백성이었다는 사실을 깨닫기 전에는 그저 하나의 좋은 이야기처럼 들린다. 그러나 예수의 이야기에서 이런 배척받던 사마리아 사람이 명백한 영웅이 된다. 그는 진심으로 그의 이웃을 사랑했다. 예수는 이 젊은 율법사가 경건하다는 것은 하나님의 법과 규칙을 순종하는 것 이상이라는 것을 알기 원했다. 예수는 그 율법사가 자기 자신이 가진 편견의 억압으로부터 자유케되기를 원했다. 예수는 그가 사회가 거부하는 사람들 속에서도 하나님을 볼 수 있는 사람이 되기를 원했다.

용서. 그러나 율법사 또는 우리 같은 그리스도인이 이런 높은 수준을 만족시키지 못할 때, 무슨일이 벌어지는가? 다른 비유에서 예수는 두 아들에 관한 이야기를 해 준다. 둘째 아들은 자기 몫의 유산을 챙겨 떠나고, 형은 그의 의무를 따라 집에

마이크: 네 좋아요. 하지만, 큰 아들은 어떻게 됐죠? 이야기를 마저 해 주시죠

미셸: 큰 아들은 아버지가 그럴 가치가 없는 동생을 위해 큰 환영 잔치를 벌이는 것을 보고 시기와 질투로 얼굴이 울그락불그락해 졌어요.

마이크: 만약 그때까지 그에게는 그런 성대한잔치가 없었다면 그가 왜 그렇게 화가 났는지 이해할 수 있을 것 같아요.

루크: 누가 그러던가요? 그에게 잔치가 없었다고? 아마도 자신을 위해서 늘 있었던 잔치에 스스로 가지 않던 거겠지요.

로젤라: 크게 반항해 보지 않은 사람들에게는 종종 하나님의 은혜는 이해하기 어려운 것이 되지… 아마도 자신들에게 하나님의 은혜가 필요하다는 것조차 잊고 있을걸….

4. 예수의 출현 · 83

머문다. 방탕한 생활에 자신의 돈을 다 쓴 둘째 아들은 굶주림에 직면한다. 그는 정신을 차리고 집에 가서 용서를 구해보기로 한다. 그는 아버지의 종으로라도 어떻게든 일하기를 바라며 집으로 돌아갔다. 이 모든 시간동안 아버지는 그가 돌아오기를 바라고 기다리고 있었다. 아버지는 큰아들을 사랑했던 것처럼 둘째 아들도 사랑했다. 그래서 소년이 시야에 들어왔을 때, 아버지는 그를 만나러 달려나갔고 아들이 입으로 죄송하다고 하기도 전에 그를 용서했다.눅15:11-32

우리는 모두 재산을 챙겨 떠난 소년과 같다. 우리는 죄를 지었고 망쳤으며, 우리 동네의 멸시 받는 사람을 사랑하지 못한다. 그리고 하나님은 창문 너머로 쳐다보시며 우리를 찾고 계신다. 우리가 집으로 돌아오기 시작할 때, 하나님은 뛰어 나와서 사랑으로 우리를 안아 주신다.

복음 : 마음으로부터의 삶. 예수는 진실로 모든 사람을 위한 좋은 소식을 가져왔다. 이것은 특히 산상수훈에서 더욱 분명해진다.마5-7장 여러가지 면에서 산상수훈은 하나님이 광야에서 이스라엘에게 주신 높은 이상들을 반영한다. 예수는 그의 제자들을 불러 원수를 사랑하라고 했고5:43-48, 진실한 동기에서 기도하라고 했으며6:5-15, 무엇을 먹고 마실지에 대해 걱정하지 말라고 말했다.6:25-34

종교 지도자들은 최소한 외적으로는 하나님의 율법을 준수하기 위해 많은 부가적인 규칙들을 만들었다. 그러나 예수는 곧바로 이 모든 것의 중심인 마음과 태도에 대해 말했다. 살인은 하지 않지만, 마음에 증오가 있는 사람은 살인자나 마찬가지다.5:21-26 마음에 음욕이 있으면 간음을 범하는 자와 마찬가지다.5:27-30 과장법을 사용하신 한 말씀에서 예수는 만약 그것이 변화에 도움이 된다면 손을 자르고 눈을 빼 버리라고 제안했다.5:29-30 사람들은 마음의 변화가 필요하다. 그것은 우리의 사지를 변화시키거나 잃는 것보다 더 깊은 문제이다. 예수는 윤리적 선택의 뿌리에까지 들어가기 원하였고 이것이 바로 말씀을 통해 근본적으로 제시하려고 했던 것이다.

8복

예수의 산상수훈은 하나님의 통치 아래 있는 사람은 어떠한 삶을 사는가에 대한 예수의 근본적인 가르침을 요약한 것으로 예수의 가르침 중 가장 많이 인용되는 것중 하나이다. 산상수훈은 사람을 진정으로 행복하게 만들어 주는 것들을 언급함으로 시작된다.

> 심령이 가난한 자는 복이 있나니 천국이 그들의 것 임이요
> 애통하는 자는 복이 있나니 그들이 위로를 받을 것 임이요
> 온유한 자는 복이 있나니 그들이 땅을 기업으로 받을 것 임이요
> 의에 주리고 목마른 자는 복이 있나니 그들이 배부를 것 임이요
> 긍휼히 여기는 자는 복이 있나니 그들이 긍휼히 여김을 받을 것 임이요
> 마음이 청결한 자는 복이 있나니 그들이 하나님을 볼 것 임이요
> 화평하게 하는 자는 복이 있나니 그들이 하나님의 아들이라 일컬음을 받을 것 임이요
> 의를 위하여 박해를 받은 자는 복이 있나니 천국이 그들의 것 임이라
> 나로 말미암아 너희를 욕하고 박해하고 거짓으로 너희를 거슬러 모든 악한 말을 할 때에는 너희에게 복이 있나니
> 기뻐하고 즐거워하라 하늘에서 너희의 상이 큼이라 너희 전에 있던 선지자들도 이같이 박해하였느니라
>
> 〈마태복음 5장 3-12절〉

루크: 산상수훈은 실제 삶으로 살기에는 아무래도 어려운 기준인 것 같습니다.

로젤라: 하지만, 거기엔 은혜도 있지. 주님은 우리의 모든 필요가 채워질 거라고 말씀하셨어. 오늘 있다 내일 없어지는 들에 핀 백합화도 하나님이 입히시는데 하물며 우리를 돌보아 주시지 않으시겠어?

루크: 심지어 이렇게 어려운 기준으로 사는 것에 대해서도요?

타라: 하나님께는 불가능이란 없어요! 산상수훈의 불가능한 삶을 살 수 있도록 우리에게 힘을 줄 수 있는 유일한 것이 뭔지 아세요? 바로 예수 그리고 그분의 사랑의 능력이에요.

"저는 그리스도인입니다" 라고 말하는 다양한 표현

저는 예수를 믿습니다

저는 예수를 따르는 사람입니다

저는 예수와의 관계 안에서 살고 있습니다.

저는 거듭났습니다

저는 구원되었습니다

저는 그리스도께 제 삶을 위탁했습니다

저는 예수를 저의 구주요 주님으로 영접했습니다

어떻게 말하든 크게 상관없고 똑같은 뜻을 가진 여러 가지 표현방식이라 생각되지만 다른 한편으로 보면 각각의 표현은 나름대로의 강조점을 가지고 있다. 당신이 만약 정말로 예수를 "따르는" 것을 강조한다면 당신은 아마도 그리스도인이 되는 것의 일부인 영적 변화나 은혜보다는 하나님께 외적으로 순종하는 것을 더 강조하기 시작하는 것일지도 모른다. 만약 당신이 "구원된" 것에 강조점을 둔다면 아마도 당신은 기독교라는 것이 단지 천국에 당신의 자리를 하나 보장해 주는 일회적인 회개의 사건에 관한 것이라고 생각할 지도 모른다. 그리스도인이 된다는 것은 사건과 과정을 모두 포함한다. 하나님은 우리를 찾으시고 우리는 반응한다….그리고 계속해서 반응한다. 간단하지만 신비로운 일이다.

말과 행동을 넘어. 예수를 따른다는 것은 무슨 의미인가? 그리스도인이 된다는 것은 무엇을 포함하는 것일까? 예수는 많은 것들을 말했고, 이것들은 다 이해하기 어려울 수도 있다. 요한복음 3장에서 예수는 니고데모에게 "다시 태어나야" 한다고 말씀하셨다.요3:1-8 부유한 젊은이는 예수께 직접적으로 물었다. "내가 무엇을 하여야 영생을 얻을 수 있습니까?" 예수는 그에게 그의 모든 재산을 팔아 가난한 자들에게 주라고 했다.눅18:18-30 산상수훈에 따르면, 사람은 원수를 사랑함으로 하나님의 자녀가 된다고 했다.마5:44-45 또 예수께서는 사람들에게 단지 "나를 따르라"막1:17라고 말씀하셨다.

초대 교회는 구원을 다소 다르게 말했다. 사도 베드로는 사도행전 2장 38절에서 군중에게 "회개하고 예수의 이름으로 침례를 받으면, 너희 죄가 사해지고, 성령을 선물로 받게 될 것"이라고 호소했다. 바울은 로마서 10:9절에서 "만약 네가 입으로 예수께서 주님이심을 고백하고 하나님이 예수를 죽음에서 일으키심을 마음에 믿으면 구원을 얻을 것"이라고 썼다.

이 모든 사실을 함께 놓고 볼 때 당신은 이것을 어떻게 이해하는가? 아마도 산상수훈이 우리의 이해를 도울 것이다. 마태복음 7:21절에서 예수는 "나더러 주여 주여 하는 자마다 다 천국에 들어갈 것이 아니요 다만 하늘에 계신 내 아버지의 뜻대로 행하는 자라야 들어가리라" 라고 말한다. 얼핏 보기에 이 문장은 단지 바른 말을 하거나 일련의 진술에 단순히 동의하는 것을 주의하라고 하시는 말씀 같다. 그러나 이것은 그것보다 더 깊은 뜻이 있다.

이것은 행동보다 더 깊이 들어간다. 예수는 계속해서 "그날에 많은 사람이 나더러 이르되 주여 주여 우리가 주의 이름으로 선지자 노릇하며 주의 이름으로 귀신을 쫓아 내며 주의 이름으로 많은 권능을 행하지 아니하였나이까 하리니 그때에 내가 그들에게 밝히 말하되 내가 너희를 도무지 알지 못하니 불법을 행하는 자들아 내게서 떠나가라 하리라"마7:21-23라고 말한다. 우리가 구원을 위해 그저 바른 말을 하는 것보다 더 깊은 것이 필요하듯 외적 행동보다 더 깊은 것이 필요하다. 그것은 심지어 놀라운 믿음의 행동보다 더 깊은 것이다.

말과 행동 모두 실재를 모조할 수 있다. 그러면 무엇이 실재인가? 구원은 매우 풍부하고 신비스럽기 때문에 여러 사람들이 여러 다른 방법으로 구원에 대해 설명할 수 있다. 그러나 진짜 구원은 항상 우리 안의 변화를 의

> 오늘날의 사람들은 무엇으로부터 구원받을 필요가 있습니까?(영적으로, 육체적으로 감정적으로) 지금 예수는 살아계시고 예배하신다면예수는 어떻게 사람들의 가장 깊은 필요를 채우실까요?

구원: 완료! 혹은 진행중?

마이크: 잠깐! 만약 구원이 우리의 모든 관계가 회복된 것을 의미한다면…. 저는 큰일 난 것 같은데요.

미셸: 아…무슨 말 하려는지 알 것 같아요. 우리가 우리 자신의 연약함으로부터 구원된 것도 사실이지만 우리는 우리의 연약함과 함께 구원되었다고도 말하고 싶네요.

타라: 그럼….만약 내가 어떤 사람들과는 좋지 않은 관계를 가지고 있다 해도 괜찮은 건가요?

미셸: 음…그건 또 하나의 역설이라고 할 수 있지요. 우리는 예수께 "예"라고 대답할 때 구원을 경험하지요(엡 2:8) 하지만, 우리는 그 구원을 우리 삶 속에서 만들어 나가야 되기도 해요(빌 2:12, 고전1:18). 우리는 또한 우리의 구원이 온전히 완성되는 그 날을 고대하며 기다리지요(롬 8:18-23). 우리가 우리의 원수를 사랑하고 싶지 않다고 혹은 주린 자들에게 먹을 것을 주지 않았다고 우리가 그리스도인이 아닌 것은 아니죠. 하지만, 하나님은 우리를 계속해서 빚어나가시지요.

미한다. 니고데모처럼 우리는 다시 태어났다. 우리는 다르게 행동한다. 왜냐하면 내적 변화를 경험했기 때문이다. 구원의 일부는 하나님이 우리를 용서해 주기를 구하는 것이며, 죄로 파괴된 하나님과의 관계를 회복해 주기를 구하는 것이다. 우리는 또한 하나님이 우리를 변화시키도록 우리를 내어준다. 이렇게 할 때 우리의 모든 관계가 회복된다. 우리는 예수가 우리의 주인임을 고백한다. 그렇게 하는 이유는 그 말이 우리를 구원하기 때문이 아니라 우리가 세상 사람들이 섬기는 것과 다른 주인을 섬기기 때문이다. 우리는 하나님을 기쁘게 하는 삶을 산다. 이것이 그리스도인이 되거나 그리스도인의 신분을 유지하기 위해 해야 되는 일이어서가 아니라 그것이 바로 우리됨이기 때문이다. 우리는 새로운 정체성을 가졌다.

개인적이고 인격적인 메시아

제자들은 그들의 선생에 대해 제대로 알지 못했다. 동료 유대인들처럼 그들은 다른 종류의 메시아를 기대했다. 왜 예수는 힘으로 로마를 제압하지 않는가? 왜 예수는 특별히 자신의 기적적인 치유사역 후에 사람들로 하여금 예수가 메시아라고 선포하지 못하게 하는가? 그리고 왜 예수는 창녀와 로마 군인과 세리들과 사마리아인들을 그의 친구로 여길까? 혼동에 혼동을 더해, 예수는 자신의 다가올 고난과 죽음에 대해서까지 이야기한다.

로젤라: 나는 우리가 우리의 매일매일의 삶을 통해 예수가 과연 누구이신지 세상에 말해주고 있다고 생각해.

당신은 예수를 누구라고 말하겠습니까? 당신의 삶은 예수를 누구라고 말하고 있습니까?

예수는 그들의 혼동에 대해 알았다. 그래서 하루는 그들에게 물으셨다. "사람들이 나를 누구라 하느냐?" 그들은 "어떤 이들은 침례 요한이라고 하고, 다른 사람들은 엘리야다, 아니다 예레미야다, 아니다 선지자중의 하나다라고 말합니다"라고 대답했다. 그리곤 예수가 그들에게 질문하셨다. "그러나 너희는 나를 누구라고 생각하느냐?" 시몬 베드로가 대답했다. "당신은 메시아로서 살아계신 하나님의 아들입니다." 예수는 베드로의 대답에 기뻐하셨다. 그리고 "너는 베드로문자적으로 바위다, 그리고 이 반석위에 나의 교회를 세울 것이다. 음부의 권세가 이기지 못하리라" 마16:13-16라고 말씀하셨다.

그리고 예수는 곧 그들에게 메시아가 된다는 것이 어떤 의미인지 말씀해 주셨다. 마16:21-28 이것은 제자들이 가장 이해하기 어려운 것이었

예수께서 베드로에게 교회를 위임하다 – 라파엘

다. 이것은 하나님께 대한 자신의 순종을 타협하지 않겠다는 것이었다. 이것은 폭력에 반대하고 고난받는 사랑을 하겠다는 의미였다. 이것은 예수에게 죽음을 의미했다. 많은 제자들에게도 이것은 죽음을 의미했다.

베드로는 예수의 말에 충격을 받았고, 예수를 비난했다. 어떻게 메시아가 고난을 받고 죽을 수 있단 말입니까? 그리고 죽은지 삼일만에 다시 일어난다는 것이 도대체 무슨 뜻입니까? 그러나 예수는 베드로의 말에 "사단아 내 뒤로 물러서라"고 대응했다. 예수의 광야 시험이 다시 몰래 찾아온 것이다. 베드로는 예수에게 십자가를 피하라고 제안한 것이다.

그렇다면 우리는…? 우리가 예수가 누구인지 숙고하며 그의 "좋은 소식"과 그의 사랑에 대해 들을 때에 우리는 어떤 식으로든 반응을 해야 한다. 예수와 구원에 대해 아는 것만으로는 충분하지 않다. 이 모든 이야기가 무엇을 의미하며 어떻게 들어 맞는지 설명할 수 있는 것만으로도 충분치 않다. 이 모든 것을 안다는 것은 선택을 해야한다는 뜻이다. 당신은 예수를 따르겠는가? 예수께 예라고 대답하겠는가? 예수가 당신 삶의 모든 면을 변화시키도록 지금 바로 허락하겠는가?

> 예수를 "따른다"는 것은 무엇을 의미합니까? 열두 제자가 예수를 따르는 것과 오늘날 우리가 예수를 따르는 방법에 있어 어떤 차이점과 유사점이 있을까요?

이장의 요약

지금까지의 이야기: 태초로부터 시작하여 하나님은 사람들과의 의사소통의 통로로 율법과 예언자들, 이스라엘을 다루시는 하나님의 기록된 이야기들, 그리고 사람들과의 직접적인 만남을 사용하셨다. 이 모든 것은 좋은 것들이었지만 사람들은 이 메시지를 모두 왜곡시켰다. 사람들은 하나님의 메시지를 자신들의 필요에 맞추어 해석하였다. 하나님은 예수를 통해 인간의 모양을 취하셨고, 우리 가운데 사셨다. 그는 인간이기에 느끼는 고통과 좌절과 기쁨을 우리와 함께 경험하셨다. 그는 죽었고 또한 다시 사셨다. 그러나 그것은 다음 장에서 다룰 것이다. 그렇게 함으로써, 예수는 우리에게 하나님의 진정한 본성과 뜻을 보여줬다. 예수를 통해 우리는 어렴풋하나마 하나님의 모습을 가지고 있다. 요 1-14,18; 히1:1-3 얼마나 놀라운 소식인가!

> 사람들은 그림이 수천 마디 말보다 가치 있다고 하지만, 경험은 수천 사진의 가치가 있습니다.

- **예수는 완전한 하나님이며 완전한 인간이다.** 우리는 믿음으로 예수가 100 퍼센트 하나님이고 100 퍼센트 인간이라는 사실을 받아들인다. 만약 우리가 예수의 인간됨을 지나치게 강조한다면, 우리는 그의 윤리를 심각하게 받아들이겠지만 그를 단지 좋은 도덕 선생으로 여길 것이다. 만약 우리가 그리스도의 신성을 지나치게 강조한다면, 우리는 그리스도가 우리를 위해 영적으로 할 수 있는 일들 때문에 흥미진진해 하겠지만, 우리는 무엇이 옳고 무엇이 그른지에 대한 그의 가르침은 무시하는 경향을 가질 것이다.

- **예수는 종이 되기로 선택했다.** 예수는 군사적 힘을 사용하지 않는 그런 종류의 메시아가 되기를 의도적으로 선택하였다. 대신에 그는 하나님을 향한 순종적인 사랑을 통해 악을 물리쳤다. 이것이 가장 높고 강력한 힘의 형태였으며 지금도 그렇다. 우리도 오늘날 같은 선택을 하도록 부름을 받았다.

- **예수를 통해 모든 사람에게 구원을 제공했다.** 예수는 모든 종류의 억압에서 풀려나는 자유를 주셨다. 그 억압은 물질적인, 사회적인, 그리고 영적인 것을 포함한다. 하나의 억압보다 다른 것을 더 강조하다 보면 구원의 진실한 의미를 왜곡하게 된다.

- **예수는 사람들이 그를 따르도록 부르신다.** 예수는 사람들을 고쳤을 뿐만 아니라 군중을 가르쳤다. 그는 제자들의 무리를 모아서 그들이 예수의 사역을 하도록 훈련시켰다. 우리 또한 예수와의 여정으로 초대되었다.

영성 훈련을 위한 과제

누가복음 15장 11절-32절에 나와있는 탕자의 이야기를 다시 한번 읽어보라.

자, 이제 당신이 둘째 아들이라고 할 때, 이야기 속에 나오는 사랑이 많은 아버지와 같은 하나님이 당신에게 사랑의 편지를 쓰신다면 어떤 편지를 쓰실지 생각해보라. 당신 내면에서 들려오는 소리를 적어보라.

이번에는 당신을 큰 아들이라고 생각해보고 자애로운 아버지와 같은 하나님이 당신에게 사랑의 편지를 쓰기 원하신다고 상상하라. 하나님이 당신에게 어떠한 편지를 쓰실지 당신의 마음에서 들려오는 말들을 적어보라.

5장의 주제들

- 예수: 정사와 권세에 대한 위협
- 사랑, 섬김, 희생
- 왜 예수가 죽었는가
- 그리고 이것이 우리와 무슨 상관이 있는가
- 왜 예수는 다시 살아났는가
- 그리고 왜 이것이 중요한가

주요 이야기

마지막 만찬

예수가 제자들의 발을 씻겼다

예수의 재판과 십자가 처형

예수의 부활

5. 완성된 미션

예수께서 갈릴리에서 그의 사역을 마치시고 예루살렘을 향하셨을 때 모든 것은 어떤 면에서 이전과 다를 바 없이 그대로인 듯 했다. 눅9:53 예수는 여전히 아픈 사람들을 고쳤고 사람들이 이전에는 경험해 보지 못한 권위를 가지고 그들을 가르쳤지만, 이제 그는 더 결연한 듯 보였다. 그의 눈은 무엇인가 말하고 있었다. 그는 거절과 고난에 대해 이야기 했다. 눅9:21-22 예수는 제자들에게 그들도 자기의 십자가를 져야만 한다고 말했다. 그들도 하나님과 다른 사람들을 위해 자발적으로 고난을 받아야 한다고 말했다. 눅9:23-26 예수는 심지어 여우도 잘 굴이 있고 새들도 쉴 둥지가 있지만 그들에게는 돌아갈 집이 없을 것이라고 말했다. 눅9:57-62 예수는 그의 다가올 죽음에 대해 말했다.

> 예수의 삶은 정말 위대하다. 하지만, 그분의 죽음과 부활을 말로 설명한다는 것은 나에겐 왠지 충분치 않은 것 같다. -**타라**

십자가를 진다는 것은 무슨 의미일까?

타라: 어떤 사람들은 자기 알레르기가 자기 십자가래요. 견뎌내야 할 "십자가"가 있는 거라고. "아, 그건 내가 견뎌야 할 십자가야…" 이렇게들 말하죠.

루크: 예수는 그저 아무 고통에 대해서 말씀하신 건 아닐 것 같은데… 그렇지 않을까요?

마이크: 예수는 그분을 따르기 위해서 기꺼이 받으려는 고난에 대해 말씀하고 계세요.

조쉬: 하지만, 지금은 아무도 제가 그리스도인이라는 이유만으로 저를 박해하지 않는데요? 그럼 어떻게 되는거죠?

직면: 예수의 마지막 시간들

이 모든 고난과 죽음에 관한 이야기는 예수께서 예루살렘에 입성하시던 그날 제자들이 이해하기에는 너무 어려운 것들이었다. 대중은 예수를 사랑하였다. 때는 유월절이었는데, 이는 하나님이 이스라엘을 이집트의 노예 생활로부터 구원해 주신 것을 축하하는 거룩한 축일이었다. 길은 사람들로 가득 찼다. 유월절은 항상 유대인들에게 희망을 상기시켰는데 그것은 올해 메시아가 올 수도 있다는 희망이었다. 예수께서 그 도시에 오심에 따라 사람들은 "호산나! 주님 구원하소서"라고 소리쳤고, 그들의 옷과 종려나무 가지를 땅에 놓아 나귀가 걸어갈 수 있는 카펫 길을 만들었다. 눅19:28-40 이 사람이 과연 그들을 로마로부터 구원할 것인가?

일반 대중이 예수를 사랑한 것에 반해 종교 지도자들은 그를 두려워했고 싫어했다. 그 다음날 예수께서 성전에서 하신 일이 그런 두려움들을 확인해 준다. 예수는 환전상과 상인들이 성전에서 장사하는 것을 보았다. 그리고 그는 격노하였다. 아마 다른 무엇보다도, 이방인이 기도하고 예배하도록 만들어진 장소에 시끄러운 시장 터가 마련된 것이

> **예수가 성전에서** 행하신 행동(막11:15-17)의 이면에는 어떤 의미가 있는가? 이 이야기는 악을 물리치기 위해 폭력을 사용하는 것을 정당화 하는가? 왜 그런가 혹은 왜 그렇지 않은가?

미셸: 그래서 여러분은 어떻게 생각하세요? 예수의 이러한 행동이 정말 그분의 성품에서 나온 걸까요?

타라: 예수는 화가 나셨고 아주 혁신적인 행동을 하셨죠. 저는 이건 아무 문제가 되지 않는다고 생각해요.

로젤라: 사람들은 이 이야기를 자신들의 폭력을 정당화하는데 사용할 수 있지. "자 보십시오, 예수도 그렇게 하셨으니 우리도 할 수 있습니다"라고 말이야.

마이크: 예전에 누군가 만약 사람들이 탁자를 엎으면서 전쟁을 하기 원한다면 그렇게 하라고 말했던 걸 들은 적 있어요. 저는 그 말에 동의해요. 그런 전쟁이라면 아무도 해치지 않잖아요?

그를 화나게 한 듯 했다. 그는 분노 속에서 탁자들을 뒤 엎고 가축들을 놓아주었다. 장사꾼들과 환전상들은 이리저리 흩어졌다. 예수는 "내 집은 만민이 기도하는 집이라 불릴 것이라. 그러나 너희가 강도의 굴혈을 만들었구나"막11:15-17, 요2:13-22라고 말씀하셨다.

성전 지도자들은 화가 났다. 예수는 이미 그들의 삶 방식에 위협을 주는 존재였다. 그는 안식일에 사람을 고쳤다. 그는 이방인, 사마리아인, 그리고 창녀와 이야기를 나눴다. 그는 대중에게 그들의 의가 종교 지도자들과 서기관 그리고 바리새인의 의를 넘어서야 한다고 말했다. 일반 대중은 예수를 사랑했다. 그들은 예수의 한 마디 한마디에 귀를 기울였다. 그러나 이제 성전에서의 예수의 폭동으로 인해 지도자들은 더 이상 참을 수가 없었다. 그래서 그들은 그를 제거할 방법을 계획했다.눅22:1-2

마지막 만찬. 그 주 목요일 예수는 유월절 만찬을 갖기 위해 제자들과 함께 하셨다. 유월절에 모든 유대 가정은 하나님이 이집트에서 노예들을 해방시키셨던 그

양으로서의 예수

타라: 좋습니다. 이것은 우리 구원에 관한 그림이 출애굽으로 되돌아 간다는 것이죠. 그렇죠? 완벽한 양은 예수 같은 분입니다. 그리고 노예들이 해야 할 모든 일은 그들의 문에 피를 바르는 것입니다. 그리고 죽음의 천사가 그들을 지나가는 것이지요. 제 생각에 이건 정말 멋져요.

죠쉬: 그리고 홍해를 건너는 것은 침례 같은 것이죠?

타라: 예

죠쉬: 그리고 약속의 땅은… 하늘?

타라: 아마도.

미셸: 이것은 구원에 관한 한 그림이에요. 다른 것들도 있죠. 그러나 예수와 그의 친구들이 유월절 음식을 먹을 때, 예수는 빵과 포도주라는 전통적 식사에 새로운 의미를 부여하셨어요. 예수는 빵을 떼시며 "받아 먹으라. 이것은 내 몸이다"라고 하셨어요. 예수는 포도주를 취하시고 "마셔라, 이것은 나의 피다"라고 말씀하셨죠. 예수는 하나님이 그의 백성과 맺으신 오랜 언약을 존중하셨습니다. 그리고 동시에 새로운 언약을 시작하셨죠. 그는 자신의 피를 흘리기 전에 이런 생각을 하셨습니다(눅22:14-23).

(희생당한 양으로서의 예수에 대해서는 188-9쪽을, 언약들에 대해서는 55쪽을 참고하라)

주의 만찬 (성찬식)

조쉬: 우리는 예수의 죽음을 기억하기 위해 성찬식을 하지요.

루크: 성찬식은 미래 하나님의 나라에서 있을 크고 성대한 만찬을 고대하도록 도와줍니다.

타라: 주의 만찬은 믿는 사람들의 공동체를 세워주는 일도 해요.

미셸: 사도 바울은 고린도 성도들에게 만약 그들이 서로 사랑하고 돌보지 않는다면 그들은 성찬의 의미를 완전히 놓치고 있는 거라고 말했어요. 그리스도를 멸시하는 방식으로 먹고 마시는 거라고요(고전11:17-34).

루크: 그럼 어떤 면에서 성찬은 예수가 그곳에 당신과 함께 하시는 신비로운 임재에 관한 것이군요. 하지만, 다른 한 편으로 우리 안에 임하시는 그리스도의 임재는 교회로서 서로가 서로를 돌보는 지극히 일상적인 일에 달려있는 거구요.

로젤라: 그럼 우린 구약의 출애굽의 의미는 버려야 하는 건가…? 아님, 그것도 기념하는 건가?

미셸: 그것 모두가 될 수 있지 않을까요?

날 밤을 다시 재연한다.138-43쪽을 보라 그 옛날 진짜 유월절에서 사람들은 양과 허브를 준비하여 흠 없는 양의 피를 문설주에 발라야 했다. 그들은 선 채로 먹었고, 지시가 떨어지면 언제라도 이집트를 떠날 준비를 하고 있었다. 죽음의 사자는 양의 피가 문에 발라져 있는 모든 가정은 그냥 넘어갔지만 피가 없는 가정에서는 그 집의 장자가 죽임을 당했다. 출12:29-32, 43-49

내가 너희들의 종이 되게 해 주겠느냐? 제자들의 마음이 아직 놀라지 않았다면 아마도 곧 그렇게 될 것이다. 그들의 입은 벌어진 채로 있었다. 그들이 사랑하는 주인이요 선생인 예수가 종처럼 허리에 수건을 두르고 그들의 눈 앞에서 대야에 물을 가지고 무릎을 꿇은 채 있었다. 요13:1-20 그들은 분명히 그들의 주인이 그들의 발을 씻기지 않을 것이라고 확신했다. 그것은 종의 일이다! 그러나 예수가 첫 번째 제자의 먼지투성이 발을 잡았을 때, 그들은 예수께서 하시려는 일이 바로 그것이라는 것을 알았다.

주의만찬성찬식에 관해서는 296쪽 신앙 고백 요약의 12항을 보라

베드로는 그런 생각에 반대했다. "당신은 저의 발을 씻을 수 없습니다!" 예수는 지친 미소를 베드로에게 보냈다. 예수는 베드로 또는 그들 중 어떤 제자라도 겸손히 섬기는 지도자라는 부르심에 응하려면 먼저 그들이 동일한 겸손의 사랑을 받아보아야 한다는 것을 알고 있었다.

> 마지막 만찬과 세족식은 예수의 죽음과 부활이 갖는 의미와 어떻게 연관되는가?

배신당하시다. 예수는 그들 중 하나가 자신을 배신할 것이라는 사실을 공표함으로써 다시 한번 자신의 제자들을 놀라게 했다. 이미 예수를 적들에게 넘겨주기로 계약을 한 유다를 제

믿음으로 살아가기

매월 첫째 주일, 아이오와 시티의 First Mennonite Church에 모여 예배하는 사람들은 성찬을 통해 우리 모두를 위해 찢기고 흘리신 그리스도의 몸과 피를 기억한다. 이러한 시간은 우리로 하여금 예수의 삶과 죽음 그리고 부활이라는 렌즈를 통해 어떻게 하나님의 이야기가 우리의 이야기가 되었는지 볼 수 있도록 해주며 죽음보다 강한 예수의 자기희생과 비폭력적 사랑을 통해 하나님이 세상가운데 어떤 일을 행하셨고 또 지금도 행하고 계신지 이해할 수 있는 자리로 우리를 초대한다.

각 사람들은 빵을 받을 때 자신의 이름을 듣게 된다.

"제인, 당신을 위해 찢기신 그리스도의 몸입니다."

그리고 포도주스를 받을 때는 다음과 같은 말을 듣는다.

"래리, 예수의 사랑을 받으십시오."

이러한 의식은 예수의 죽음과 부활이 전 우주적 사건이지만 동시에 매우 개인적이고 인격적인 것임을 상기시켜준다. 이 의식을 통해 우리는 역사적 사건을 재현하는 동시에 또한 이 땅 가운데, 이 공동체 가운데 그리고 이 사람 가운데 임하시는 하나님의 나라에 참여하게 된다.

성 목요일이 되면 우리는 세족식을 갖는다. 이것은 예수가 제자들에게 행하셨던 섬김의 사랑을 기억하는 매우 친밀한 의식이다. 이 시간에 우리는 하나님 그리고 다른 사람들과의 관계를 가로막는 우리의 죄를 고백하고 기꺼이 서로의 발(고약한 냄새가 날수도 있는!)에 손을 대고 씻겨주는 겸손과 온유의 행위 속에서 하나님의 씻기시는 용서를 감사하고 축하한다.

나는 이것이 세상의 가치를 뒤엎는 예수의 삶과 죽음이 얼마나 급진적으로 겸손하고 아름다운 것이었는지를 우리의 몸과 마음으로 이해하고 음미할 수 있는 강력하고 적절한 방식이라고 믿는다.

〈아이오와에서 Karla Stoltzfus Detweiler〉

외한 모든 이들이 충격에 사로잡혔다. 유다는 예수가 성전을 청결케 하셨을 때 잘못된 생각을 품고 있었다. 그는 아마도 상황이 그렇게 된다면 예수가 자신이 가진 신비로운 능력을 가지고 로마인들과 이제 막 싸움을 시작할 것이라고 생각했을 것이다. 어쩌면 유다는 자신이 예수에게 필요한 어떤 것을 줄 수 있는 사람이라고 생각했을지도 모르겠다. 어떤 경우든 예수는 이제 유다에게 "네가 하려는 일을 속히 하라"요13:27고 말씀하셨다. 그리고 유다는 종교 지도자들을 찾으러 밖으로 나갔다.

나머지 제자들은 겟세마네 동산으로 무거운 발걸음을 옮겼다. 무엇이 앞에 놓여있는지 깨달은 예수는 기도할 시간이 필요했다. 그는 고뇌 가운데 있었다. 온전한 인간으로서 그는 고문과 죽음의 고통을 걱정하고 있었다. 또한 그는 다가올 수치에 움츠려 있었다. 그래서 예수는 이 마지막 시간에 만약 가능하다면 이 고통의 "잔"을 거두어 가시기를 하나님께 요청했다.막14:32-36 광야에서부터 있었던 이 시험은 그 앞에 다시 나타나기 시작했다. 그는 "다른 길은 없

> 197쪽 신앙 고백 요약의 13항에 있는 세족식에 관한 내용을 보라

미셸: 메노나이트를 비롯한 일부 기독교 교단에서는 종종 성찬식이 있는 예배에서 세족식도 함께 거행하지요. 짝을 지어 예수가 제자들에게 하라고 가르치신 대로 대야에 담겨진 서로의 발을 씻겨주기 위해 사람들이 서로 교대로 무릎을 꿇고 상대의 발을 닦아주지요(요한 13:14). 이렇게 하면 어떨 것 같나요?

조쉬: 그런 식으로는 경험해 보지 않아서 저는 좀 불편할 것 같은데요…

루크: 세족식이나 이러한 종류의 다른 어떤 의식이 구원을 가져다 주는 건 아니지만 제가 경험한 바를 말씀 드리자면, 제가 상대의 발을 씻겨주기 시작했을 때 처음엔 약간 속이 느글거렸지만 곧 어떤 일이 저에게 일어나는 것 같았습니다. 제 마음이 열려 제가 발을 씻기고 있는 그 사람을 주님의 마음으로 사랑하게 되었어요.

타라: 발을 씻긴다는 건 매일매일 당신이 만나는 사람들의 종이 되어 섬기는 것을 뜻하는 것 같아요. 당신을 정말 미치도록 화가 나게 만드는 사람들에게는 특히나 더! 그건 그냥 그들을 위해 친절한 일을 해주는 정도가 아니고요 그 사람과 그 사람의 삶을 진정으로 돌보고 당신을 위한 것이 아니라 그 사람을 위한 일들로 섬겨주는 거에요.

로젤라: 심지어 때로는 그들이 당신을 섬기도록 해주는 것이 되기도 하지…

습니까?"라고 질문할 수밖에 없었다.

그러나 그는 답을 알고 있었다. 고통을 피하는 유일한 길은 자신이 그 책무를 맡아 군사적 힘이나, 경제적 이익, 또는 끝없는 기적을 통해 사람들을 강요해 자신을 따르도록 하는 것이었다. 하나님께 신실하게 순종하는 것 이외의 다른 어떤 길도 타협이 될 것이었다. 그러나 그가 알고 있듯 순종은 죽는 것이었다. "내 뜻대로 마옵시고, 아버지의 뜻대로 되기를 원하나이다." 그는 마침내 기도하고 온전히 자신을 하나님께 헌신했다.

잡히시다. 이 결정이 있고 곧바로 유다는 예수를 붙잡기 위해 성전 경비병, 군사들과 함께 동산에 왔다. 베드로는 칼을 꺼내 무리 중에 있던 한 종의 귀를 베었다. 베드로는 폭력을 행사할 합당한 시간이 있다면, 목적이 수단을 정당화 할 수 있는 시간이 있다면, 그것은 지금 주인이 어려움에 처한 바로 이 시간이라고 확신했다. 그러나 예수는 아니라고 말했다. 만약 보호가 필요하다면, 그는 수천의 천사들에게 도움을 청할 수 있다고 설명했다. 예수는 "검으로 사는 사

신약성경의 네 복음서, 즉 마태, 마가, 누가 그리고 요한복음은 예수의 이야기를 각각 조금씩 다르게 한다(63쪽을 보라). 특별히 여기 마지막 장에서 우리는 각각의 복음서 저자들이 이야기의 세부사항을 각기 다르게 그리고 있음을 볼 수 있다. 예를 들어, 요한복음에서는 최후의 만찬에 대해서는 이야기하지 않지만 예수가 제자들의 발을 씻기신 것에 대해서는 언급하고 있다. 예수의 부활에 관한 이야기에서 마태복음은 무덤에서 천사와 여인이 만난 장면을 그리고 있는 반면 누가복음은 흰 옷을 입은 두 남자에 대해 얘기하며 마가복음은 무덤가에 있던 젊은 청년을 언급한다. 요한복음에는 천사가 전혀 등장하지 않지만 예수가 마리아에게 나타나신 장면을 그리고 있다.

성경공부를 통해 도전에 대한 답을 얻기 위해서는 각각의 저자가 무엇을 강조하기 원했는지 알아내기 위해 복음서의 마지막 장들을 서로 비교해보라. 우리의 토론을 위해서 괄호 속의 참고 안에 네 가지 이야기의 세부사항을 모두 뽑아놓았다. 하지만, 이 이야기들을 합치는 것이 각각의 이야기에 가장 최선이 되는 것은 아니다.

람은 검으로 죽을 것이다"라고 말하고는마26:52 그 적의 귀를 고쳤다.눅22:51

재판 받으시다. 정의가 조롱 당하는 재판에서 밤샘 심문을 받으시고, 예수는 로마 통치자 빌라도 앞에 서게 되셨다. 빌라도는 예수를 보았을 때 그가 무죄하다는 것을 알았다. 그는 몇 번이나 예수를 놓아주려고 했다. 그러나 빌라도 자신도 "만약 이 사람을 놓아준다면 당신은 황제의 친구가 아닙니다"라며 위협하는 종교 지도자들로 인해 궁지에 몰려있는 처지였다. 그들은 스스로 "우리에게는 황제 이외의 왕이 없습니다"요19:12-15라고 말했다. 예수의 적들은 예수를 제거하기 원했다. 그래서 그들은 자신들의 가장 중요한 믿음 중 하나를 타협하는데 주저하지 않았다. 그것은 하나님 아래에서 자기 나라가 가진 주권이었다. 과거에는 유대인들이 이방 통치자에게 충성을 맹세하기 보다는 목숨을 걸고 싸웠다. 이제 이 서기관과 바리세인들은 시저를 그들의 왕이라 환호하고 있다. 예수는 그 만큼 큰 위협이었다.

십자가에 못박히시다. 빌라도는 마지못해 다른 두 죄수와 함께 예수에게 십자가형을 언도했다. 이것은 끔찍한 고난이었다. 예수는 이미 채찍질로 인해 고통 당했으며, 밤새 심문도 받았다. 앞에 놓인 일을 이미 아는 것에서 오는 감정적 괴로움도 컸다. 이제 그는 십자가를 지고, 손과 발에 못질을 당할 것이다. 그의 육체는 더 찢겨질 것이고 십자가는 땅에 박아 올려질 것이다. 거기서 예수는 자신의 몸의 무

타라: 저는 십자가가 얼마나 고통스러운 것이었는지 영원히 이해하지 못할 거예요.

조쉬: 아마도 그렇기 때문에 어떤 사람들은 예수가 온전한 사람이었다기 보다는 신적인 존재이기만 했을 거라고 믿고 싶어하는 것 같아요. 그래야 예수가 고통 당하지 않았다고 믿을 수 있으니까요.

마이크: 나무로 깎은 큰 못이 손목에 박힌

다… 천천히 고통스럽게 죽어간다…. 아, 정말 상상하기 조차 힘드네요

미셸: 다른 어떤 종교에도 십자가와 부활은 없지요… 자기 자신을 십자가에서 내리지 조차 못하는 사람을 경배한다? 예수가 스스로도 구원하지 못하는 것처럼 보일 때 그분이 나를 구원해 주실 분이라는 것을 믿는다? 부활이 아니고는 도무지 말이 안 되는 것 같아요(다음 장을 보라).

게를 지탱하며 매 순간이 엄청난 고통인 시간을 겪게 될 것이었다.

십자가형은 끔찍하게 고통스러울 뿐 아니라 공중 앞에서 수치를 당하는 것이다. 사람들은 와서 예수를 조롱했다. "네가 다른 사람들을 구했으니 이제 자신도 구원해 보아라."눅23:35 예수는 자신을 구원하지 않음으로써 자신을 조롱하는 그들을 구하고 있었다.

비록 고통은 참을 수 없이 컸지만 예수는 의식적으로 말할 수 있었고 상황에 대한 몇몇 통제가 가능했다. 그는 하나님께 그를 못박는 자들을 용서해 달라고 구했다.눅23:34 그는 그의 옆 십자가에 달려 회개하는 남자에게 용서와 평안을 주었다.눅23:39-43 그는 자신의 고통 속에서도 어머니를 돌보았다.요19:26 예수가 하나님이 자신을 버리셨다는 느낌, 고통과 투쟁하는 세 시간 동안 어둠이 그 지역을 덮었다. 그리곤 큰 부르짖음과 함께 예수는 자신을 하나님의 돌봄에 맡기고 숨을 거두셨다.눅23:46 로마 백부장은 예수의 죽음 후에 마지막 증언을 한다. "이 사람은 확실히 하나님의 아들이었다."막15:39

예수는 왜 죽으셨는가?

이것은 수세기에 걸쳐 매우 중요한 질문이었다. 이 질문에 어떻게 대답하는가는 어떻게 하나님을 이해하고 하나님과 우리의 관계를 이해하며 그리스도인이 된다는 것이 무엇을 의미하는지 결정하는데 도움을 준다. 먼저 우리는 예수는 왜 오셨는지를 기억해야 한다. 그는 단순히 죽기 위해 오셨는가? 예수는 세상을 주관하는 권세들에 큰 위협이었다. 그래서 권력을 가진 자들은 예수를 죽이려고 했다. 만약 그가 죄에 대한 희생으로만 왔다면 아기였을 때 살해당하는 것이 더 자비로웠을 것이다. 그러나 예수는 살기 위해 왔고, 우리에게 하나님이 실제로 누구이신지 보여주기 위해 오셨다. 그리고 그가 알고 있는 바른 삶에 대한 태도를 바꾸기

거절했을 때 심지어 죽음의 위협까지 받게 되었지만, 예수는 오히려 자신을 죽음으로 몰고 간 악을 물리치고 승리하셨다.

간단히 말해, 예수는 당신과 나를 사랑하셔서 이 땅에 사시고 죽기까지 하셨으며, 그렇게 함으로 우리는 하나님을 알고 사랑할 수 있게 되었다. 그러나 성경은 이것을 몇 가지 다른 방법으로 말한다. 그 일부를 아래에 요약해 보겠다. 어떤 것도 각각으로는 예수가 왜 죽으셨는지 온전히 설명하지 못한다. 아래의 설명들이 같이 모일 때 우리의 이해를 도울 수 있다.

(다음 쪽으로 이어짐)

1. 예수의 삶과 죽음은 희생적이고 고난 받

는 사랑의 완벽한 모본이다.

그의 삶과 가르침, 죽음을 통해 예수는 우리에게 어떻게 악에 반응할지를 보여주셨다. 그것은 비폭력과 원수 사랑이다. 우리가 무죄한 예수의 고통과 죽음을 볼 때, 우리는 도덕적으로 혐오감을 느끼고 우리 자신의 폭력과 죄를 진지하게 보게 된다. 우리는 제자로서 우리 삶에 그와 비슷한 희생적 사랑을 반영 함으로써 하나님의 구원을 경험하도록 부름 받았다(벧전 2:21).

이 관점에는 약점이 있다. 따라야 할 완전한 모범이 있다는 것은 좋은 일이다. 그러나 그것으로 충분한가? 예수의 삶을 반영하고 그 삶을 모방하는 것으로 충분한가? 아니면 우리는 비폭력적인 방법으로 악을 정복하기 위해 우리보다 더 큰 힘을 필요로 하는가?

2. 예수는 그의 죽음을 통해 우리의 죄값을 치렀다.

예수의 죽음에 대한 다른 생각은 예수가 우리의 죄를 위해 죽으셨다는 것(고전 15:3) 즉, 우리의 죄값을 치렀다는 것이다(롬4:25). 때로 성경은 죄의 종이 된 인간에 대해 말한다. 예수의 피는 우리를 자유케 하기 위한 몸값이다(벧전 1:8). 죄는 빚과 같다. 그래서 예수는 그의 죽음으로 우리를 위해 죄값을 지불하셨다(롬 3:24). 구약시대에, 사람들은 자신의 죄를 속죄하기 위해 순전한 양을 희생제물로 바쳤다. 이런 의미에서 동물은 인간을 대신해 죄의 형벌을 받았고 예수는 하나님의 양이라 불렸다(요 1:29).

그러나 이것도 약점이 있다. 이 관점은 그 자체로 하나님이 자신의 영광과 정의를 만족하기 위해 누군가(예수)의 죽음을 요구하신다는 것을 보여준다. 도대체 이 하나님은 어떤 하나님인가? 둘째, 이런 관점은 구원을 역사와 동떨어져 일어나는 순전히 영적인 일로 만들어 버린다. 이것은 하나님과 예수 사이의 보이지 않는 거래처럼 보인다. 하나님의 마음이 변화되었지 우리의 마음이 변화된 것이 아니기 때문에 우리의 구원은 우리의 삶의 방식과 아무런 관련이 없게 된다. 이런 종류의 구원은 우리가 가진 깨어진 관계나 우리 삶에 있는 실제적인 억압과 죄의 세력들에 관여를 하지 않는다.

3. 그리스도는 승리자이시다.

이 관점은 예수가 우주적 전투가운데 계시며 그의 완전하고 신실한 순종의 삶을 통해 악과 죽음의 세력을 물리치신다고 본다. 이것은 죽음으로 이끄는데 아이러니하게도, 그가 악을 무찌르는 것은 이러한 그의 죽음 안에서이다. 그가 가장 무능력해 보일 때 말이다. 어떻게? 예수는 위협당하고 비참하게 고난 당할 때 보복하지 않음으로써 오히려 악의 실체를 드러내고 그것의 힘을 깨트린다. 그때 하나님이 죽음으로부터 예수를 일으키시고, 그와 우리 모두가 죽음에 대해 가질 수 있는 승리를 증명하신다(골 2:15). 우리는 이런 부활의 능력을 가지고 있다. 예수의 부활은 악이나 그 어떤 세력보다도 더 큰 힘이 있다는 것을 보여준다. 여러 방법으로 이 관점은 다른 관점을 포함하지만, 하나님이 아니라 바로 인간이 변화되어야 할 존재임을 강조한다.

여기에 이것을 다르게 보는 또 하나의 방법이 있다. 예수는 그의 죽음으로뿐 아니라 그의 삶과 가르침, 부활과 성령의 오심으로도

예수의 죽음에 관한 세 가지 설명 중 어떤 것이 당신에게 가장 의미가 있는가?

우리를 구원하셨다. 이 모든 방법을 통해 예수는 죄가 파괴한 네 가지 관계의 하나 혹은 더 많은 관계를 치료하시기 위해 역사하셨다. 죄는 하나님과 우리의 관계를 깨뜨렸다. 예수는 십자가를 통한 용서와 하나님의 놀라운 사랑의 성품을 자신의 삶을 통해 보여주심으로써 깨어진 관계를 회복하셨다. 죄는 우리와 다른 사람들의 관계를 파괴한다. 그러나 예수는 십자가에서 궁극적인 사랑을 보여줌으로써 그리고 우리에게 우리의 원수까지도 사랑할 수 있는 우리로서는 전혀 불가능한 일을 할 수 있도록 돕는 성령을 주심으로써 관계를 치유하신다. 죄는 우리와 우리의 내적 자아와의 관계도 깬다. 계속해서 예수는 사람들의 몸을 치유하시고, 사람들의 죄를 용서하시고, 사람들을 사랑하심으로써 사람들이 가진 수치심을 제거하신다. 그래서 그들은 서로 사랑할 수 있다. 예수는 여전히 오늘도 그러한 일을 하신다. 그리고 우리가 물질 세계와 가지고 있는 깨진 관계는 어떻게 하는가? 예수는 자신의 부활 뿐 아니라 사람들의 육체적 필요에 자신의 사랑이 가득한 관심을 보임으로써 그 관계를 돌보신다.

이렇게 말하는 것이 십자가가 우리 구원에 중요하지 않다고 말하는 것이 아니다. 십자가는 우리의 구원에 정말 필요하다. 그러나 때때로, 우리가 예수의 모든 삶을 바라 보는데 실패할 때, 우리는 오직 십자가를 우리 죄에 대한 지불이라고 생각한다. 그래서 우리는 구원을 얻는데 이는 하나님과의 깨어진 관계만을 치유한다고 생각하는 것이다. 이 관계는 매우 중요한 관계이다. 그러나 예수는 우리에게 단지 천국에 가는 입장권으로서의 구원, 그 이상을 제공하고 싶어하신다. 예수는 우리를 용서하기 원하실 뿐 아니라 우리를 회복해서 우리가 창조된 모습대로의 사람으로 변화되기를 원하신다. 예수는 우리의 모든 부분을 치유하기 원하신다.

모든 관점은 성경에서 지지를 받는다. 성경처럼 우리도 예수가 왜 죽었는지 하나 이상의 관점을 받아들일 수 있다. 만약 하나만 취해진다면, 두 번째 관점은 예수가 우리 삶에 아무런 중요성이 없다거나 죄의 용서만이 구원의 유일한 역할이라는 제안이 가능해진다. 다른 말로 하면 구원과 인간 행동은 구별된다. 구원은 하늘 저기에서 일어나는 일이다. 두 번째와 세 번째 관점은 예수가, 우리가 어떻게 살아야 하는가에 의미가 있음을 말해준다. 우리의 구원은 죄가 깨트린 하나님과의 관계를 치유할 뿐 아니라, 우리 자신과, 타인과, 모든 피조물과 우리의 관계도 치유한다.

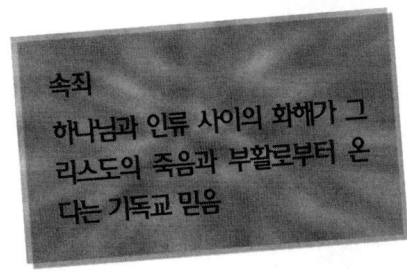

속죄
하나님과 인류 사이의 화해가 그리스도의 죽음과 부활로부터 온다는 기독교 믿음

타라: 이 모든 게 중요하다는 것은 저도 알고 있어요. 하지만, 저에게 가장 중요하게 다가온 것은 뭔지 아세요? 예수가 저를 사랑하신다는 거에요. 예수가 저를 사랑하신다는 것…. 저에게는 그게 다예요.

로젤라: 나는 죄인이야. 나는 죄의 진흙탕에 빠져 있었어. 그런데 예수는 나를 거기서 꺼내주셨지. 나는 그로 인해 늘 주님께 감사드려.

마이크: 어떤 사람들한테는 하나님이 그들을 사랑하신다는 걸 믿는 게 정말 어려운 것 같아요. 만약 어떤 사람의 삶이 엉망일 때, 잘은 모르지만 그에게 구원이란 아마도 누군가 와서 그 진흙탕에서 그가 빠져나올 수 있도록 도와주는 것일 거예요.

미셸: 하지만, 구원은 그 삶이 엉망진창이 아닌 사람에게도 중요한 거라 생각해요. 제가 예수와의 관계 안에서 살기로 했을 때 저는 이런 진흙탕 속에 있지 않았어요. 내가 정말 내 자신에 대해 느꼈던 것 보다 더 많은 죄책감이 나를 짓눌렀어요. 저는 제 삶에 대해 마음 아파하는 것이 맞었어요. 죄책감을 느끼지 않는 것에 대해 죄책감을 느낄 수 있어요. 무슨 말인지 이해하시겠죠? 저는 무엇인가, 누군가를 알기 원했어요. 저는 단지 하나님을 원했어요.

마리아에게 나타난 예수

묻히시다. 유대 풍습에 의하면, 죽은 몸은 사람들이 볼 수 있는 곳에서 치워져야 한다. 예수가 죽으신 밤은 안식일의 시작이었고, 예수의 숨은 추종자였던 아리마대 요셉이 율법을 준수하기 위해 예수의 시체를 빨리 옮겼다. 그는 예수의 몸을 자기가 소유한 무덤에 매장하도록 허락해 달라고 요청했다. 그리고 당국은 이를 허락하였다. 막15:42-47 예수의 재판과 십자가형을 거행하는 동안 예수를 버리고 떠났던 대부분의 추종자들에게 안식일은 그 자체로 어둠의 날이었다. 그들은 분명 두려움 속에서 굳게 닫힌 문 뒤에 숨어 있었다.

죽음에서 새로운 생명으로 다시 일어나시다. 주일 이른 아침의 사건은 모든 복음서에 선별적으로 나온다.마28:1-10; 막16:1-8; 눅24:1-12; 요20:1-18 이른 주일 아침 예수를 따르던 몇몇 여자들이 예수의 몸에 기름을 바르는 일을 끝내기 위해 출발했다. 슬픔에 잠긴 그들은 많은 걱정 속에 있었다. 그들이 어떻게 무덤을 막고 있는 돌을 옮길 수 있을까? 유대 지도자는 큰 돌로 무덤을 막고 경비를 세우도록 요청했는데 아무도 시체를 훔치지 못하게 하기 위해서였다. 여인들 스스로 그 돌을 움직이기는 불가능했다.

그러나… 이게 어찌된 일인가? 돌이 옮겨졌다! 그들은 그들의 눈을 믿을 수 없었다. 누가 결국 예수의 시체를 훔쳤단 말인가? 그들은 안을 살펴보았다. 시체는 사라졌다. 매우 심각한 일이 벌어졌다. 누군가 시체를 가져갔다! 여전히 충격에 사로잡혀 있을 때, 밝은 빛이 비추는 쪽을 돌아다보니 천사가 있었다. 천사는 예수가 죽음으로부터 다시 살아났다고 했다.

그들은 가능한 빨리 가서 다른 사람들에게 자신들이 보고 들은 바를 전했다. 사람들은 충격에 사로잡혔고 믿지 않았다. 요한복음에 나오는 대로, 베드로와 요한은 정말 무덤이 비워져 있는지 보려고 달려갔다.요20:3 세마포는 옆에 놓여있었다. 혹시? 사실일지도 몰라? 예수가 살아나셨나? 이것은 너무도 놀라운 사실이었다!

후에 막달라 마리아가 무덤 곁에 있을 때, 그녀는 한 남자를 만났다. 처음에 그녀는 그가 정원사인 줄로 생각했다. 그러나 예수가 자신을 그 이름으로 부르자 그녀는 그가 예수이신 것을 깨달았다. 그녀는 경배함 가운데 그 앞에 무릎을 꿇었다. 예수의 말씀에 따라 마리아는 다른 제자들에게 자신이 예수를 보았다고 증언하기 위해 돌아갔다.

이후 며칠 그리고 몇 주 동안, 예수는 다양한 장소와 시간에 제자들과 다른 이들에게 나타나셨다. 어떤 의미에서 예수의 몸은 그들의 몸과 비슷했다. 그는 그들과 함께 먹었다.눅24:42; 요21:9-14 예수는 그의 손과 발과 옆구리에 십자가형의 상처를 그대로 가지고 있었다.눅24:39-40 하지만, 또 다른 한편으로, 예수의 몸은 다른 종류의 몸이었다. 그는 나타났다 사라질 수 있었다. 그는 잠긴 문을 통해 들어올 수 있었다.눅24:31, 36 이것을 완전히 설명할 수 없고 가시화 할 수 없지만, 우리는 예수의 몸이 다시 살아났다는 것을 믿는다. 예수의 영이 사람들과 상호작용 했을 뿐만 아니라 그 몸이 제자들 사이를 걸었다. 그 몸의 옆구리와 발에는 여전히 구멍이 있었다. 십자가에 달렸던, 같으면서도 다른 그 몸은 실제로 다시 생명을 얻었다.

예수의 부활이 왜 그렇게 중요한가?

예수의 부활은 예수를 따르던 자들이 말했던 이야기의 핵심부분이다.행2:29-36 이것은 예수가 진정한 하나님의 아들이며 죽음의 권세를 포함한 모든 것의 주이신 메시아라는 것을 확심시켜 준다. 고린도서에서 바울은 만약 예수가 죽음에서 부활하지 않았다면, 그들의 믿음은 헛것이라고 썼다.고전15:14 그리스도의 부활은 신자인 우리의 부활의 보증이다. 그러기에 우리는 바울과 함께 하나님을 찬양하며, "사망을 삼키고 이기리라…그리스도로 말미암아 우리에게 승리를 주시는 하나님께 감사하라"고전15:54-57고 외칠 수 있다.

> 예수의 부활이 없는 기독교를 상상해 보라. 부활 없이 기독교 신앙이 살아남을 수 있다고 생각하는가?

부활은 우리 삶에 영향을 미친다.

고린도 교회에는 우리 몸을 포함한 물질적인 것은 소용없거나 영적 세계에 비해 저급하다고 생각하는 사람들이 있었다.고전6:12-20; 고전15:35-58 그들은 그들의 육체는 하나님과 함께 하는 영원한 삶의 일부가 되지 않을 것이라고 생각했다. 그래서 그들은 육체로 그들이 원하는 무엇이든 할 수 있다고 생각했다. 그들은 무절제한 성생활과 음주, 과식으로 자신의 몸을 망쳤다. 바울은 그들에게 이것은 하나님이 태초로부터 말씀하신 것에 대항하는 것이라고 설명했다. 창조는 선한 것이었다. 그래서 우리는 하나님을 순종하는 가운데 우리의 몸을 돌봐야 한다. 그리고 하나님이 우리의 몸을 구속하시고 새롭게 하실 것을 알기 때문에 더욱 그렇게 해야 한다.

> 예수의 죽음과 부활이 오늘 당신의 삶에 어떠한 영향을 주는가?

부활에 대한 우리의 확신은 예수를 따르기 때문에 따르는 위험을 감수하도록 돕는다. 바울은 부활과 여행 선교사라는 자신의 삶을 타당한 방식으로 연결시킨다. 바울은 자신이 죽는다면 그리스도와 함께 하는 부활의 삶을 바라볼 수 있다는 것을 알았기 때문에 매일매일 다가오는 죽음의 가능성을 똑바로 바라볼 수 있었다. 부활은 그에게 신자로서 맞이하게 되는 위험을 감수할 수 있는 용기를 주었다. 고전15:30-34; 빌1:21-26 그리스도를 신실하게 따를 때 찾아올 수 있는 위기와 위험들을 생각할 때, 부활은 오늘날의 우리에게도 위대한 힘의 근원이 된다.

> 예수는 우리에게 우리의 십자가를 지라고 부르신다. 당신에게 이것은 무엇을 의미하는가?

이 장의 요약

- **예수의 삶, 죽음, 그리고 부활은 우리 신앙의 핵심이다.** 예수는 우리의 죄를 위해 죽으셨는데(고전15:3), 이는 우리가 하나님의 용서와 화해를 받아들일 수 있는 하나의 길을 여신 것이다. 예수의 죽음은 또한 악과 폭력에 마주하여 하나님의 사랑과 믿음의 능력이 어떠한지 우리에게 보여주었다. 이러한 사실은 예수를 따르는 자들로서 우리가 어떻게 살지에 대해 큰 영향을 미친다.

- **예수는 자신이 사는 삶의 모습을 통해 그러한 삶이 "정사와 권세"에 위협이 될 수 있다는 것을 보여주셨다.** 우리가 예수를 따를 때, 우리는 세상으로부터의 너무 많은 반대를 직면하게 될 것이다. 그러나 예수처럼 우리는 고통과 죽음 너머에 있는 부활을 볼 것이다.

- **예수는 종된 리더십을 가르쳤고 본을 보였다.** 예수는 진정한 리더들은 섬기는 자들이라고 말씀하셨다. 예수는 제자들의 발을 씻겼다. 그는 지구상에 있는 어떤 힘보다 더 강한 힘을 보여줬는데 그것은 사랑의 힘이다.

- **예수는 끝까지 일관되셨다.** 특별히 그가 십자가에 달렸던 그때, 예수는 광야에서 마주했던 것과 같은 시험들에 저항하셨다. 그는 힘을 사용하기를 거부했다. 그는 자신의 원수들을 사랑했다. 그는 끝까지 하나님께 순종했다. 얄궂게도 예수가 십자가에 달려 가장 약하게 보일 때, 그는 가장 강했다. 사탄, 악, 그리고

죽음은 하나님에 대한 그의 순종을 통해 진실로 정복되었다. 부활은 이 승리를 확증했다.

- **부활은 하나님의 은혜와 사랑을 증명했다.** 인간이 자신의 자유의지를 끔찍한 죄를 범하는데 사용했는데도, 어떻게 하나님은 여전히 모든 것을 올바로 작동하도록 만드셨을까? 하나님은 예수 안에서 이 놀라운 긴장가운데 이 세상에 등장했다. 하나님은 우리가 할 수 있는 가장 최악의 것 즉 예수를 못박는 것을 악을 물리치는 것으로 변화시키셨다. 우리 인간들은 하나님을 살해하는 가장 최악의 죄를 짓지만 그 어떤것도지 우리를 향한 하나님의 사랑을 파괴할 수 없다.

영성 훈련을 위한 과제

다른 몇몇의 그리스도인들과 모여 세족식을 가져보라. 대야에 따뜻한 물을 준비하고 수건과 의자도 준비하라. 요한복음 13장 1절에서 17절까지의 말씀을 읽은 다음 둘씩 짝을 지어 서로의 발을 씻겨주라. 같은 성별끼리 짝을 짓는 것이 더 편안할 수도 있다. 그리고 나서 따뜻한 포옹으로 이 시간을 마치라. 서로의 발을 씻겨주는 것이 불편한 사람은 발대신 손을 씻겨주는 것을 생각해 볼 수도 있다.

6장의 주제들

- 교회가 태어나다
- 한 하나님, 세 인격들
- 하나님의 새로운 백성: 모든 사람이 초대되었다.
- 회심
- 우리 삶에 일어나는 하나님의 간섭

주요 이야기

예수가 승천하시다

오순절 날

초대교회

베드로와 고넬료

바울의 회심

6. 성령의 움직임

결국, 이제 모든 것이 정리된 듯 했다. 예수가 사셨고, 죽으셨고, 부활하셨다. 어떤 면에서 문제는 해결되었다. 그러나 만약 이야기가 여기서 그친다면, 우리는 제자들을 두려움에 떠는 닭처럼 남겨두는 것이다. 굳게 잠긴 문 뒤에 숨은 비겁한 모습이거나 바닷가에서 홀로 물고기를 잡는 모습이었다. 그들은 두려움에 빠져 무엇을 하기에는 너무 혼란스러운 듯 보였다. 이것이 새로운 하나님의 백성에게 기대했던 모습인가? 해결책이 결국은 좋은 해결책으로 보이질 않는다.

그럼 기다려보라. 이야기는 아직 끝나지 않았다. 예수가 부활한 후 승천하기 전 제자들은 예수께 물었다. "주님 주님께서 이스라엘에게 나라를 되찾아 주실 때가 바로 지금입니까?" 예수는 제자들이 자신들의 조국이라는 한계를 뛰어 넘어 바라보게 했다. "때나 기한은 너희가 알바가 아니다. 그러나 성령이 너희에게 내리시면, 너희는 능력을 받고 예루살렘과 온 유대와 사마리아에서 그리고 마침내 땅 끝에까지 이르러 내 증인이 될 것이다."행1:7-8 예수는 제자들에게 기다리라고 말했다. 예수가 죽으시고 다시 사셨지만, 다른 일들이 일어날 필요가 있었다. 제자들은 무언가를 더 필요로 했다.

> **로젤라** 우리가 예수께 "네, 예수 제 삶 가운데 들어오세요" 라고 대답할 때 어떤 초자연적인 일이 일어나게 되지요. 예수가 우리 안에 들어와 사시고 우리는 변화된 것이에요. 이게 우리가 앞서 말한 것 아닌가요? 정체성의 변화요! 바로 성령이시지요!

바람과 불과 방언

그래서 제자들은 기다렸다. 유대인의 오순절에 약 120명쯤 되는 제자들이 모두 모여 기도를 하고 있었다. 그들은 기다렸다. 그들은 무엇을 기다리는지도 모른 채 기다렸다. 갑자기, 회오리바람 같은 소리가 나더니 이 소리가 온 집안을 가득 채웠다. 혓바닥 같은 불길이 일어나 모든 사람 위에 임했다. 그들은 서로를 보았다. 그들이 느꼈을 두려움을 상상할 수 있겠는가? 그때 그들은 다른 언어 즉 자신들이 알지 못하는 방언으로 말하기 시작했고, 하나님의 이적을 모든 이에게 말하였다. 성령이 임한 것이다. 행2장

한편으로 유대 신자들인 그들은 무슨 일이 일어나고 있는지 알지 못했다. 다른 한편 그들은 그 의미를 알았다. 강한 바람은 출애굽때 홍해에 임한 바람을 상기시켰고출14:21, 그들의 머리에 임한 불은 광야의 불기둥을 연상시켰다. 출13:21 다른 언어들은 바벨탑을 상기시켰다. 창11:1-9 단지 이번에는 모든 것이 거꾸로였다. 혼돈과 분열 대신에 성령은 명확함과 이해를 가져오셨다. 오순절 축제 때문에 예루살렘을 방문 중이던 흩어져 살던 유대인들은 각기 자기 나라 말을 듣게 되었다.

삼위일체

하나님이 세 개의 "인격" 즉, 아버지(창조자), 아들(구원자 예수), 성령(보조자)으로 존재한다고 믿는 기독교의 전통적 믿음.

하나님은 한 분이시지만 우리는 하나님을 여러 가지 다양한 방법으로 경험한다. 그래서 그리스도인들은 오랫동안 삼위일체 즉 창조자로서의 하나님, 예수, 성령이 세 개의 인격(마태28:19-20; 행1:4-5; 롬5:5-6; 고후13:13을 보라) 안에 있는 동일한 한 하나님임을 믿어왔다. 세 인격이 한 하나님이라는 것은 즉 그들이 같은 속성과 본질을 공유한다는 말이다. 성령과 예수는 모두 창조에 관여하셨다(시편104;30; 요한1:3). 예수가 인간의 형상으로 성육신하신 하나님77-9쪽 참고인 것처럼 성령도 우리 가운데 계시는 하나님의 임재이다.

무슨 일이 일어난걸까? 얼마나 강력한 현상이기에 바벨탑 사건의 결과를 되돌리고 출애굽의 상징들을 포함하고 있는가? 성령께서 그들 위에 임하셨다. 이런 강한 바람이 불어옴과 함께 그들 중에, 그들안에 새로운 존재, 설명할수 없는 존재가 임하셨다. 그것은 예수의 임재였다.

> 성령에 관한 신앙고백 요약 3항과 그리스도인의 영성에 관한 18항을 보라.(194,198쪽)

모든 것은 달라졌다. 두려움으로 잠긴 문 뒤에 숨어 있었던 남자와 여자들은 이제 길에서 큰소리로 설교를 하고 있었다. 행3:11-26 예수의 십자가형 후에 흩어져있던 사람들이 공동체로 함께 살며 음식과 소유를 나누었다. 행2:43-47 그들은 담

성령은 누구이신가?

메리: 영에 대해 생각한다는 게 전 좀 이상해요… 정확히 성령은 누구시죠?

로젤라: 예수가 승천하신 후 우리에게 오신 그분의 영이지(롬8:9).

조쉬: 음. 어떤 비인격적인 힘은 아니죠.

타라: 성령은 우리의 보혜사가 되세요(요한14:16).

조쉬: 성령은 또한 우리를 동요시키는 분이기도 하죠(요16:8).

미셸: 성령은 우리에게 은사들을 선물로 주세요. 바로 하나님의 일을 할 수 있는, 교회를 세울 수 있는 능력을 주시는 것이지요(고전12-14장).

로젤라: 성령의 열매도 잊어서는 안되지…사랑, 희락, 화평, 오래 참음, 양선, 충성, 온유, 절제(갈5:22-23). 나는 이것들이 성령의 은사보다 더 중요하다고 생각해요(고전12:8-11, 엡4:11-13을 보라). 사랑이 없는 은사들은 아무 가치가 없어요.

루크: 성령은 연합과 하나됨을 가지고 오십니다. 분쟁과 분열이 있다면 그건 사람들이 성령으로 하여금 정말로 일하시도록 하고 있지 않다는 걸 의미합니다(고전2:6-3:4).

마이크: 하지만, 갈등 자체가 나쁜 건 아니잖아요?

루크: 맞습니다. 하지만, 우리가 성령을 소유하고 있는가를 보여주는 참된 증거는 그 갈등상황을 가지고 함께 풀어가려는 사랑이 있는가 하는 것입니다(엡4:3).

타라: 성령을 억눌러서는 안돼요. 만약 성령이 어떤 일을 하라고 말씀하신다면 우리는 그 일을 하는 편을 선택해야 해요. 하지만… 아… 고백을 해야겠네요. 계속해서 TV만 보고 있다면 성령께서 하시는 말씀을 듣기란 무척 힘듭니다(사63:10, 엡4:30, 살전5:19).

로젤라: 성령은 우리를 위해 중보하는 분이에요(롬 8:26-27). 내 영혼이 걱정과 슬픔으로 무거울 때 성령께서 나와 함께 그리고 나를 위해 말할 수 없는 탄식으로 기도하고 계심을 나는 알고 있어요.

대함을 가지고 약한 자들을 고쳤다.행3:1-10 그리고 그들은 회개하라고 설교했으며행2:38, 급진적인 방법들로 서로를 돌보았다.행2:44-45, 6:1-7 그들은 이제 자신들이 성령의 능력 안에서 자신들의 삶을 통해 예수의 사역을 계속 수행하고 있음을 알게 되었다.

성령의 사역은 단지 시작이었다. 비록 예수가 그의 삶과 죽음을 통해 악을 물리치고 죄의 문제에 대한 가능한 답변을 주었다 해도 그 해답이 온전한 가능성에까지 도달한 것은 아니었다.매리온 본트래거가 켄사스주 헤스톤의 헤스톤 칼리지에서 한 강연에서 영감을 받음 초기 제자들이 볼때, 하나님의 구원은 주로 유대인을 위한 것이었다. 하나님이 아브라함을 불러 모든 사람을 축복하시겠다는 것을 제자들이 기억해 내기 위해서는 다른 많은 일들이 일어나야했다. 제자들이 하나님이 유대인뿐 아니라 비유대인까지도 사랑하셨다는 예수의 가르침을 기억하려면 여러 특별한 사건들이 일어나야 했다. 간략히 말해 사도행전 전체는 어떻게 하나님의 궁극적인 계획이 드러나는가에 대한 이야기이다. 그리고 그 하나님의 계획은 바로 모든 족속과 방언들로 하나의 백성을 창조하는 것이다.눅3:4-6; 계5:9-10

세상을 보는 전혀 새로운 방식. 이런 일은 매우 작은 것에서 시작된다. 어느 날, 하나님은 베드로에게 특이한 환상을 통해 보통 유대인들이 부정하게 여기는 동물들을 먹으라고 말씀하셨다.행10장 베드로는 어리둥절했다. 이 환상은 그에게 자신이 옳고 바르다고 생각했던 모든 것에 반대하는 길을 가도록 요구하는 것이었다. 베드로는 이미 그가 하는 일 때문에 부정하다고 여겨지는 시몬이라는 사람의 집에 머물고 있었다. 하지만, 이건… 부정한 동물을 먹는 것은 하나님께 불순종하는 일이었다.

동시에 멀지 않은 동네에서, 고넬료라는 로마 백부장이 한 비전을 받았다. 그 비전에서 하나님은 그에게 베드로를 데려오기 위해 사람을 보내라고 지시하셨다. 그러나 이 얼마나 놀라운 딜레마인가? 온전한 유대인이었던 베드로는 고넬료같은 이방인의 집에 들어가본적이 없었다. 그럼에도 불구하고 고넬료는 이 이상한 명령을 수행하기 위해 종을 보낸다.

그러는 와중에도 부정한 동물은 계속 베드로의 환상에 나타났다. 두번 세번, 하늘에서 소리가 들렸다. "하나님이 깨끗하게 하신 것을 속되다 하지 말아라." 그리곤 완벽한 타이밍에 고넬료가 보낸 종들이 집에 왔고 성령이 베드로에게 주저말고 그들과 함께 가라고 말씀했다. 이 모든 기적적인 일들은 합력하여 베드로가 새로운 회심을 경험하도록 도왔다. 이 회심은 하나님에 대한 새로운 이해를 얻는 회심이다. "내가 정말 하나님은 편애가 없는 분이라는 사실을 깨달았습니다." 베드로는 고넬료를 만났을 때 이런 사실을 깨닫기 시작했다.10:34-35 그리고 그가 설교하는 동안 성령께서 고넬료와 그곳에서 복음을 듣는 모든 이에게 임하셨다. 이것은 모든 사람이 하나님의 백성이 될 수 있음에 대한 모든 의심을 걷어내는 증거였다.

성령께서 찌르실 때…

새로운 책을 준비하는 동안, 저에게 많은 고민이 있었습니다. 무슨 말을 해야할지 몰랐고, 심지어 하나님이 글 쓰기를 통해 저를 사용하실지 의문스러웠습니다. 그때 갑자기 한 음성을 들었습니다.

밤 10시30분, 저는 문이 닫힌 사무실 안에 있었습니다. 아무도 들어올수 없었습니다. 그러나 내 친구 닐이 거기에 있었습니다. 그는 이상한 얼굴 표정을 하고 있었습니다. "웃지마, 하지만, 하나님이 나를 여기로 보내신 것 같아"라고 닐은 말했습니다. 그는 집으로 걸어가다가 내 사무실에 불이 켜진 것을 보고는 하나님께서 나를 보러가라 하시는 것을 느꼈다고 했습니다. 그는 하나님께 "만약 문이 열려있으면, 하나님이 제가 미셀을 보러 가길 원하시는 것으로 알겠습니다"라고 말했다고 했습니다.

가장 놀라운 사실은 문은 분명 닫혀있었지만, 그는 바로 들어올 수 있었다는 것입니다. 우리는 문을 점검하였는데 분명히 밖에서부터 잠겨 있었습니다. 그가 들어올수 있는 다른 길이 없었습니다. 이제 나는 성령께서 그날 밤 닐에게 말씀하셨고, 비록 닐은 내가 무슨 일을 하는지 전혀 알지 못했지만, 그를 인도하셔서 나를 격려하셨다는 것을 굳게 믿습니다. 우리가 이야기하는 동안 어떤 놀라운 일이 일어나지는 않았습니다. 그러나 나는 내게 부어주시는 하나님의 임재와 사랑을 느낄수 있었습니다. 하나님은 적절한 때에 친구를 보내어 나를 충분히 돌보시는 분이십니다.

이런 것들이 기독교를 매우 흥미진진한 것으로 만듭니다. 나는 하나님이 우리 귀에 속삭이시고, 이런 친밀한 대화를 우리와 갖기 원하시며, 실제적으로 우리에게 "가서 이 사람을 만나라"거나 "이런 저런 격려의 메시지를 보내라"라고 말씀하신다고 생각합니다. – 미셀

베드로의 환상 –Guercino

우리는 어떤 교회를 가질 것인가? 고넬료의 회심 이야기가 다른 그리스도인들에게 들려왔다. 다른 그리스도인은 모두 유대인이었다. 많은 이들은 이 모든 것을 어떻게 받아들여야 할 지 몰랐다. 그리고 이것은 안디옥교회 성도들에 의해 파송받은 바울과 바나바가 다른 지방들을 여행하면서 더 많은 비유대인을 믿음 가운데로 이끌면서 더 큰 질문을 던지게 되었다. 교회에 던져진 큰 질문은 이것이었다. 어떻게 이방인이 교회의 일부가 될 수 있는가? 아브라함 이후로 모든 하나님의 백성 중 남자들에게 행했던 할례를 이방 신자들에게도 행해야 하나? 다른 방식으로 말해, 사람들은 진정한 그리스도인이되기 위해 먼저 유대인이 되어야할 필요가 있는 것인가? 몇몇 유대 그리스도인은 적극적으로 그렇게 해야한다고 가르쳤으나 베드로의 환상 경험은 다른 것을 가리키는 것 같다. 많은 이방인들이 그리스도께로 돌아오는 것을 본 바울과 바나바는 그것은 문제가 아니라고 강력하게 주장했다.

사도행전 15장에서 교회의 지도자들은 마침내 이런 새로운 상황을 토론하기 위해 모였다. 많은 것이 위기에 처해있었다. 두 종류의 그리스도인이 있는가?유대인 그리스도인-1등급, 이방 유대인-2등급 교회의 일원이 되기위해 비유대인에게 필요한 것은 무엇인가? 민족과 종교적 의식할례같은이 구원을 위해 중요하다면, 교회는 주님께서 모든 사람의 주라고 선포할 수 있을까? 이 새로운 하나님의 백성은 어떤 모습이어야 하는가?

중대한 결정. 예루살렘 회의에서 신자들은 기도했다. 그들은 사실에 머물지 않고 진리에 대해 함께 토론하려고 노력했다. 그들은 결국 한 교회만 있으며 그리스도인이 되기 위해 먼저 유대인이 될 필요가 없다고 결정했다. 남자 이방인 신자들은 할례를 받을 필요가 없었다. 그 순간부터 바울과 바나바, 디모데와 다른 사람들은 세상 곳곳에서 이방인들을 하나님의 새 공동체로 환영하는 새로운 자유를 가지고 새로운 선교 여행을 떠날 수 있게 되었다. 그러나 유대인이 되어야한다는 생각은 여전히 곳곳에 남아있었다. 바울은 그의 서신들에서 종종 할례를 강조하거나 이방 그리스도인을 이류로 만들려는 노력에 반대하였다.

이 얼마나 놀라운 위업인가? 아브라함과 사라로부터 시작하신 하나님의 원래 계획, 하나님의 원래 소망은 이제 완성되었다. 평소 서로 미워하던 사람들이 같은 식탁에서 먹고, 함께 기도하고, 서로의 집에 머무른다. 이제 모든 족속과 나라들로부터 하나님의 새로운 백성들이 온다. 그리고 그들 모두는 하나님이 보시기에 모두 동등하다. 이것이 바로 바울이 교회 안에는 "유대인이나 이방인이나 종이나 자유자나, 남자나 여자"갈3:28가 없다고 말한 의미이다. 이것이 민족적, 사회적, 성별적 차이가 사라졌다는 의미는 아니다. 그러나 더 이상 누가 더 낫고, 누가 우리편이고 누가 외부인인지 경계를 긋지 않는다는 말이다.

새로운 피조물. 하나님은 아름다운 물질 세계뿐 만 아니라 사람들도 창조하기 원하셨고 그렇게 하셨다. 하나님은 그 정체성이 그들의 족보에 근거하지 않고 하나님께 '예' 라고 응답하는 것에 근거하는 사람들을 꿈꾸셨다. 신뢰와 순종에 기반한 공동체 말이다. 바울은 고린도후서 5장 17절에서 이렇게 말한다. "누구든지 그리스도안에 있으면 그는 새로운 피조물입니다. 옛것은 지나갔습니다. 보십시오. 새것이 되었습니다!"

> 하나님과의 만남을 통해 긍정적으로 변화된 사람의 예를 알고 있다면 이야기해보세요.

어떤 사람들은 이 새로운 피조물을 단지 개인적이고 개별적인 차원의 회심으로 본다. 우리가 예수를 따르고 그분이 주시는 은혜를 받아들일 때 새로운 어떤 것이 우리안에 창조된다는 것은 사실이다. 그러나 더 깊이 말하자면, 여기서 바울은 새로운 피조물로서의 교회를 말하고 있다. 이 "새로운 피조물"이라는 것은 하나님의 새 백성으로서 이 땅에서 살아가는 급진적인 새 삶의 방식에 관한 것이다. 원수였던 사람들이 함께 예배를 드린 다. 엡2:11-22 인종, 성별, 사회적 지위, 그리고 종교적 배경은 더 이상 중요하지 않다. 이 급진적인 방법은 바울이 살았던, 민족적으로 그리고 사회적으로 분열된 사회에서 믿기 어려울 정도로 좋은 소식이었다. 그리고 이런 사실은 오늘의 우리에게도 마찬가지이다.

> 196-7쪽의 신앙고백 요약에서 교회에 관한 9항과 16항을 보라

구원은 개인과 교회 모두를 포함한다. 아나뱁티스트처럼 개인의 믿음의 중요성을 깊이 이해하는 사람들도 없었다. 9장을

믿음으로 살아가기

훈족과 바바리아족: 1996년 어느 주일 아침, 몇몇 한국인 가정이 위니펙에 있는 찰스우드메노나이트 교회를 방문하였다. 그들은 16세기 아나뱁티스트들에 대해 알게 된후 캐네디언메노나이트 바이블 칼리지에서 공부를 하기위해 조국을 떠나 이곳 머나먼 이국 땅에 온 사람들이었다. 그들은 또한 언약 공동체로서 함께 의사결정을 해 나가는 과정 그리고 예수의 평화에 대한 가르침에 강조점을 두는 것에 매료되어 메노나이트 교회의 일원이 되고 싶어했다. 그들은 좀 더 위계적이고 군대적인 삶의 방식에 익숙했고 이제는 그와는 다른 삶을 절실히 갈망했다. 그리고 성령의 인도하심으로 그날 아침 우리교회에 나타나게 된 것이었다.

그들과의 관계는 나날이 발전해나갔다. 그들은 우리에게 수많은 질문들을 해왔고 때때로 우리는 그들이 너무 밝게 비춰진 불빛 아래에서 우리를 보는 것 같아 조금 불편하기도 했다. 우리를 보고 실망하면 어떻게 하지? 우리는 완벽하지 않은데…아니 완벽하고는 아주 거리가 멀지… 그럼에도 불구하고 성령께서는 그들과의 관계속으로 들어가도록 우리또한 독려하고 계셨다. 그후 나는 우리 중 유럽에 뿌리를 둔 사람들은 바바리안의 후예이고 한국에서 온 그들은 훈족의 후예라는 사실을 알고 깜짝 놀라게 되었다. 1,500여년전 훈족과 바바리아족은 서로 죽고 죽이는 관계였다. 그런데 이제 성령께서 이 둘을 예수의 이름아래 한데 모으시고 함께 평화를 실천하게 하시며 한 공동체로서 우리에게 맡겨진 일들을 함께 결정하도록 하셨다. 나는 이것이 바로 성령의 역사가 주는 놀라움이라고 생각한다-바로 훈족과 바바리아족이 함께 평화의 왕을 따르게 되는 일.

-매니토바, 위니펙에서 John Braun

보라 그들은 각각의 개인이 예수 그리스도를 따르는데 있어 스스로 결정을 해야 한다고 생각했다. 하지만, 그와 동시에, 침례는 당신을 서로 지지하고 돌보며 예수 방식의 삶을 위한 공동의 헌신을 가진 공동체의 일원으로 만들어 준다. 그들은 당신이 혼자서 그리스도인으로서의 삶을 살 수 있을 거라고 믿지 않았다.

기적은 계속된다

성령 때문에, 교회는 날로 성장했다.행2:41 기적은 계속 일어났다.행5:12-16 신자들은 자원하여 그들의 소유와 돈을 나눴고, 일부는 모든 것을 팔아 공동체를 위해 사용하였다.행4:32-37 그들은 자기 집을 교회 모임에 사용하도록 열어 주었으며, 여행하며 설교하는 설교자를 집에 머물게 하였다.행16:15

> 성령의 공동체인 교회에 소속해 있는가? 그렇다면 당신은 거기서 어떤 성령의 표징들을 보는가?

바울. 하나님이 놀라운 일을 행하신 증거들중 하나는 바로 사울이라는 사람이다. 그는 후에 바울로 알려진 인물이다. 사울은 엄격한 유대인 바리새인이었는데 이는 그가 메시아가 어떤 모습이어야하는지에 대한 구체적인 생각을 가졌다는 것을 의미한다. 그는 우리와 특별히 다른 사람은 아니었다. 우리는 모두 우리의 배경과 문화라는 안경을 통해 하나님을 보고 이해

조쉬: 이건 저에겐 새로운 정보에요—유대인과 이방인을 포함할 때 교회가 새로운 피조물이라는 것 말이죠. 그렇다면 예수를 구주로 받아들이는 것은요?

루크: 당신과 예수 사이의 일에 대해 그것이 틀렸다고 하는 건 전혀 아닙니다. 저는 단지 그 좋은 소식이 공동체 전체를 포함할 때 그것은 훨씬 더 좋은 소식이 된다고 생각할 뿐입니다. 북아일랜드의 신, 구교도들이 마침내 화해했을 때, 바로 여기서 일어나는 일 말이에요. 그것이 바로 새로운 피조물이지요.

타라: 홍해가 갈라졌다는 것 보다 더 기적 같은 소리같은데요.

루크: 아마도 그런 것 같네요.

한다. 그러나 사울은 하나님이 자신이 이 새로운 예수 운동을 반대하길 원하신다고 느꼈다. 사울이 느끼기에 예수는 메시아일수 없었다. 왜냐하면 성경은 나무에 달린 자마다 저주를 받은 자라고 했기 때문이다.신21:23

하루는 그가 더많은 신자들을 붙잡기 위해 다메섹으로 가는 길이었는데 홀연 큰빛이 나타나 그와 주변사람들에게 비쳤다. 눈이 멀어 그는 무릎을 꿇었다. "사울아, 사울아, 네가 왜 나를 핍박하느냐?" 그는 공중으로부터 이런 목소리를 들었다. "나는 네가 핍박하는 예수다."행9:1-19 그때 이후로 사울은 예수가 그리스도임을 알았다. 그는 자신이 다시 사신 주님을 만났음을 알았다. 이후 몇 년 동안 그는 예수의 이야기에 대해 배우게 되었다. 그러나 가장 중요한 것은 사울은 이제 그가 전에 반대했던 예수를 열정적으로 따르게 되었다는 것이다. 사울은 이제 바울로 알려지게 되었고, 1세기 가장 중요한 전도자가 되었다.

바울의 회심

예수와의 만남이 모두 극적인 것은 아니다. 나다니엘 같은 사람들은 많은 생각 후에 예수를 따랐다.요1:43-51 베드로 같은 사람은 충동적으로 응답했고, 그 헌신으로 인해 씨름했다.요21:15-19 오늘날에도 성령은 우리 각자에게 독특한 방법으로 역사하신다. 일부는 극적 회심을 경험하고, 일부는 그들이 아는 한 항상 예수를 따르며 사랑했다고 느낀다. 일부는 다른 이들보다 더 많이 장단점을 저울질해보고 증거를 원하기도 했다. 그렇지만 거기서 모든 사람은 가장 아름답고 감격적인 여정이 될 믿음의 첫걸음을 시작할 수 있었다.

회심

루크: 저는 제가 그리스도인이 된 방식에 대해 항상 죄책감을 가지고 있습니다. 11살인가 12살 때였지요. 교회에서 수련회를 가서 우리는 모두 모닥불 주위에 모여 앉아 있었습니다. 인도자가 제 감정을 약간 뭉클하게 만들었어요. 마칠 때쯤 우리는 모두 "It only takes a Spark"를 4절까지 불렀어요. 저는 비키 옆에 앉아 있었는데 'walk a mile'(손을 잡고 하는 게임)을 할 때까지 기다릴 수가 없었죠. 사춘기 호르몬으로 인한 변화를 다들 알고 계시죠?

저는 계속 비키만 쳐다보고 있었어요. 한편 마지막 5분 동안 분위기는 사뭇 진지해졌고 비키는 인도자가 진행하는 것에 완전히 집중하고 있었어요. 곧 인도자는 예수께 헌신하고 싶은 사람들은 앞으로 나오라고 초청을 했고 비키는 앞으로 걸어나갔어요. 물론 저도 따라 앞으로 나갔지요. 저는 아직도 궁금합니다. 비키가 앞으로 나갔기 때문에 나도 그냥 그렇게 한 걸까? 그 일이 과연 나에게 어떤 의미라도 있는 것일까?

저는 그리스도를 영접하기 위한 "저를 따라 하십시오" 기도를 드렸습니다. 그리고 머지 않아 새신자반에서 성경공부를 하고 침례를 받았지요. 교회는 축하를 해 주었습니다. 이 모든 시간을 지나면서 저는 정말 이것도 인정할 수 있는 건지 확신할 수가 없었습니다. 결국 저는 믿음을 갖게 되었고 하나님과 진실된 관계를 갖게 되었지만 아직도 그 시작만큼은 정말 끔찍했다고 생각해요.

미셸: 그게 바로 하나님의 신비에요. 엉뚱한 시작에도 불구하고 당신은 예수와의 관계 속에서 살고 있지요. 하나님은 당신 안에서 일하고 계셨어요. 만약 우리가 믿음을 하나의 여정으로 생각하지 않고 회개의 한 순간으로만 생각한다면, 그것으로 우리의 기독교 신앙이 다 이루어진 것으로 생각한다면 우리는 많은 것을 잃게 되죠.

선택은 우리의 것이다. 우리가 이런 놀라운 믿음의 여정을 일단 시작하고 나면 우리는 이후의 여정을 결코 예측할 수 없다. 때로 우리는 성령이 우리에게 말씀하고 계심을 알지만 또 다른 때에는 '소화가 잘 안되나?' 하고 고개를 갸우뚱할뿐이다. 어떤 그리스도인들은 자신의 삶에 맡겨진 사명이나 은사들을 곧바로 깨닫지만 또 다른 많은 그리스도인들은 인내심을 가지고 기다리며 계속 궁금해한다. 아마도 성령을 전혀 느낄수 없을 때가 가장 어려운 시간일 것이다. 하지만, 이 말이 성령이 더 이상 존재하지 않음을 의미하는 것인가? 결코 아니다. 이것은 기독교가 우리의 감정이상이라는 것을 의미한다. 성령은 자유롭게 움직이신다.

우리는 가나안 사람들이 그들의 바알 신을 조종하려고 했던 식으로 하나님을 조종할 수 없다. 성령은 한가지 사실을 제외하고는 예측 불가능하신 분이다. 그 한가지는, 예수의 영은 우리를 돕고, 인도하고 사랑하기위해 여기에 계시다는 것이다. 롬14:17; 갈5:22; 살전1:6; 행9:31; 요15:26; 롬5:3-5; 롬15:13; 갈5:5; 요14:16-17 성령은 우리를 통해 세상을 변화시키려는 의도를 가지고 계신다.

성령은 성경 속에서 사람들을 통해 행하셨던 것처럼 우리를 통해 놀라운 일을 행하시길 원하신다. 하지만, 다른 한편으로, 성령은 결코 우리를 강요하지 않으신다. 성령이 움직일 때 열린

> 당신은 성령께서 당신을 부르시는 것을 어떻게 깨달았는가? 예수와의 관계를 시작하면서? 또는 당신의 신뢰와 복종을 깊게 하는 과정에서? 어떤 사건이나 "콕콕 찌르는 일들"이 당신의 삶 속에서 하나님의 성령이 하시는 일이라고 생각해본적이 있는가? 언제인가?

> 당신 자신을 포함해서 그리스도인들이 자신이 주장하는 대로 살지 못하는 것을 볼 때, 당신도 실망하고 낙담하게 될 것이다. 이러한 사실이 성령 안에서 당신의 확신에 어떠한 영향을 끼치는가?

마음으로, 함께움직일 준비를하는 것은 우리의 선택에 달려있다.

참고: 성령의 은사에 대해서는 8장에서 더 자세히 이야기 나눌 것이다. 은사는 우리가 세상과 교회에서 하나님의 축복의 도구가 되도록 하나님이 우리에게 주시는 능력이다.

이 장의 요약

- **예수는 우리 안에, 교회 안에, 성령을 통하여 살아계신다.** 초대 교인들이 기다렸고 기도했던 것처럼 그리스도의 영은 오셨고 그들을 세상에 좋은 소식을 전할 수 있는 사람들로 변화시키셨다. 성령은 또한 우리에게도 그와 같이 일하실 수 있다.

- **하나님, 예수, 그리고 성령은 하나이시다.** 삼위일체에 관한 그리스도인들의 믿음은 오늘날 우리 삶 속에서 성령께서 임재하시고 일하시는 것이 어떻게 예수의 임재와 사역의 실제적 연장선 상에 있는지 볼 수 있도록 돕는다. 예수 안에서 하나님은 이 세상에 하나님 자신을 보여주셨다. 우리가 예수께 예라고 말할 때, 성령은 우리 삶에 찾아오셔서 우리를 변화시킨다.

- **성령은 교회를 통해 일하신다.** 교회가 시작되는 이야기는 실제로 성령의 이야기이다. 그리스도인들은 개인들 각자 고립되어 사는 것이 아니다. 우리가 성령을 소유했다는 확실한 증표는 그리스도인 형제 자매들과 경험하는 연합니다. 교회는 하나님의 "새로운 피조물"로 계속 자라며 발전한다. 그러나 성령은 우리 각자 안에서 교회를 세우고, 하나님이 우리를 향해 가지고 계신 의도를 향해 우리의 성품을 세워나가도록 역사하신다.

- **성령이 임재할 때, 인간사이의 분열의 벽은 허물어진다.** 초대 교회는 예수가 인종적 벽을 포함하여 하나님께 나아가는 모든 벽을 허무셨다는 것을 깨달았을 때 그들의 사고를 180도 변화시켜야 했다. 그리스도인의 연합 또한 오늘날 성령이 역사하시는 하나의 증표이다.

영성 훈련을 위한 과제

다른 그리스도인들과 함께 모여 우리 교회가 부지불식간에 쌓고 있을지 모르는 장벽들에 대해 이야기 나누고 기도하는 시간을 가지라. 기도할 때에 성령께서 말씀해 주시고 분별할 수 있는 지혜를 달라고 구하라. 또한 성령께서 구체적으로 당신이 하기 원하는 일이나 다른 사람들을 환대할 수 있는 새로운 기회(예. 잘 모르는 교회 구성원에게 먼저 전화를 걸어보기)를 알려주시도록 간구하라.

7장의 주제들

- 하나님은 우리가 있는 곳에서 우리를 만나신다
- 구원-또 다른 시선
- 이야기에 예라고 말하기(그리스도인이 되는 단계들)
- 침례(세례)
- 하나님의 백성인 교회에 참여하기
- 주의 만찬-성찬

주요 이야기

우리 자신의 삶

사도 바울의 편지들

7장. 하나님의 이야기,
나의 이야기,
그리고 우리의 이야기

하나님은 성경을 통해 세상에서 역사하시는 하나님의 이야기를 말씀하고 계신다. 이 이야기의 절정은 성경이 쓰여지던 시대나 지금이나 여전히 예수 그리스도이다. 그리고 예수를 인격적으로 만났던 모든 사람이 그랬던 것처럼, 우리는 예수께 어떻게 반응할 것인지 스스로 결정을 내려야만 한다. "너희는 나를 누구라 하느냐?"마16:12라고 베드로에게 물으셨던 것처럼, 예수는 우리에게도 똑같이 물어오신다. 그는 베드로가 그랬던 것처럼 우리가 "예수는 그리스도시요 살아계신 하나님의 아들이십니다"라고 고백하기를 간절히 원하고 계신다. 예수는 우리가 각자의 그물을 버려두고 자신을 따르기를 원하신다.

> 나는 모든 걸 간단하게 만들고 싶었어. 글쎄…어떤 면에서는 간단하기도 하지.
>
> 예수와의 관계를 강조하고 싶었어. 나는 매일 아침 일어났을 때 내가 우주만물의 주인이신 하나님의 자녀임을 깨닫지. 그리고 그분은 나에게 말씀하기 원하시고 나를 통해 세상을 변화시키기 원하시지. – 로젤라

가려운 곳 긁어주기. 신약에서 예수는 사람들이 가장 필요로 하는 것들을 찾을 수 있도록 돕는데 다양한 방법을 사용하였다. 신체적, 사회적 필요를 가진 사람들이 예수께 나올 때는 그들의 신체적, 사회적 필요를 채워주셨다. 눅7:11-17의 과부이야기 그들 중 일부는 예수를 만났을 때 그들이 가지고 있던 모든 세계관이 뒤바뀌는 경험을 했

> **거룩함**
>
> 1) 온전한 타자로서 정결하신 하나님을 표현하는 방식. 거룩해진다는 것의 부분적인 의미는 죄를 멀리하고 하나님의 성품을 닮는 것
>
> 2) 구별되는 것 혹은 특별한 일을 위해 부름을 받는 것
> (레20:26)

다. 요1:43-51의 나다나엘 또는 행9:1-22의 사울 예수는 종종 주체할 수 없는 죄의 억압 속에 살던 자들에게 용서를 선포하셨다. 눅5:1-11의 베드로 간음하다 잡힌 여인에게 예수는 "나도 너를 정죄하지 아니하노니 가서 다시는 죄를 범하지 말라"(요8:1-11)고 말씀하시며 그녀에게 은혜를 주시고, 동시에 거룩함으로 그녀를 초대하셨다.

자신의 삶을 통해 항상 옳은 일을 행했던 한 부자 청년이 여전히 영적 확신을 갖지 못할 때, 예수께서는 "가서 너의 모든 소유를 팔아라" 눅18:18-30라고 말씀하신다. 그러나 바로 다음 이야기에 나오는 삭개오라는 다른 부자에게 예수는 "삭개오야, 모든 사기 치는 것을 그만두어라"라고 말씀하지 않으셨다. 대신에 그는 "오늘 내가 네 집에 유하리라" 눅19:1-10 라고 말씀하셨다. 환대의 경험으로 인해 삭개오의 삶은 변화되었다. 예수는 각각의 사람이 들어야 할 그들만의 메시지를 알고 계셨다. 예수는 부자청년에게 있어 유일한 희망은 자신의 모든 재산을 포기하라는 어려운 요청을 받아들이는 것에 달려있다고 말씀하신 반면, 삭개오에게는 은혜의 메시지를 듣는 것이 필요하다는 것을 아셨다.

삭캐오 -젠 루이켄

우리에게도 그 방식은 동일하다. 예수는 우리가 필요한 것이 무엇인지 정확하게 아시고, 우리의 필요에 맞는 방식으로 우리에게 구원을 제공하신다. 우리가 정직하게 우리 자신을 볼 수만 있다면, 우리 중 일부는 상당한 충격이 필요함을 인정할 수밖에 없을 것이다. 우리는 자만하

고 자신으로 가득 차 있다. 따라서 예수의 말씀은 우리에게 불편하고 짜증스럽게 들릴 뿐이다. 그러나 우리는 중심의 깊은 곳으로부터 그 말씀이 진리라는 것을 알고 있다. 우리 중 또 다른 일부는 그들이 한 일 때문에 예수를 똑바로 쳐다보지도 못할 만큼 수치로 가득한 사람도 있을 것이다. 그런 우리에게 예수는 크신 사랑과 따스함, 그리고 부드러움을 부어 주셔서 자유와 용서를 발견할 수 있도록 하신다. 그 안에서 우리는 죄를 떠나 살 수 있는 능력을 발견하게 된다.

여러분 중에는 여러분에게 도움이 되는 방식으로 구원의 소식을 듣지 못한 사람도 있을 것이다. 예수와 달리, 그리스도인 친구들은 여러분의 필요를 완전히 알지 못한다. 그렇기 때문에 성경에는 수많은 다양한 구원의 그림들이 존재하는 것이다. 그런 그림들이 우리가 가진 모든 복잡성 안에서 인간으로서 우리가 가진 필요에 대해 해답을 주고 있는 것이다.

그렇다면 우리가 구원에 대해 확실히 말할 수 있는 것은 무엇인가?

성경을 통해 많은 다양한 그림들이 우리에게 주어졌지만 그것들을 관통하는 몇 가지 공통된 주제들이 있다.

구원은 "관계적인 것"이다. 창세기에 나오는 죄의 문제는 관계의 문제이다. 구원은 죄로 인해 깨어진 모든 관계 즉, 하나님과의 관계, 다른 사람들과의 관계, 우리 자신과의 관계 그리고 모든 피조물과의 관계를 치료하고 고친다. 이런 사실은 구원이 단지 예수를 인지적으로 믿는 것을 뛰어 넘는다는 것을 말해준다. 물론 우리는 예수를 믿는다. 그러나 예수를 믿는 것은 관계를 포함한 우리의 모든 삶에 영향을 미치고 변화를 가져오는 것이다.

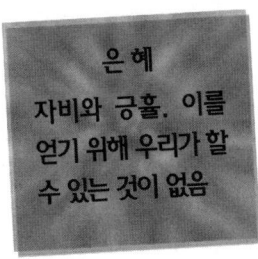

은혜
자비와 긍휼. 이를 얻기 위해 우리가 할 수 있는 것이 없음

만약 구원이 관계 속에서 예수를 따른다는 것을 의미한다면, 이것은 진행형이다. 우리가 처음 예수를 주님이요 구원자로 "인정"한다고 말할 때, 그것은 시작이지 끝이 아니다. 어떤 사람들은 그들의 친구나 자녀가 침례를 받자마자 그들의 이마를 쓸어내리며, "휴, 정말 다행이야" 라고 말하고는 마치 이로써 모든 일이 다 이루어진 듯 여길 뿐 만 아니라 이제 더 이상 자신들이 사랑하는 사람에 대해 걱정할 필요가 없다고 생각을 한다. 그러나 다른 모든 관계들처럼, 구원은 하나의 여정이다.

구원은 "하나님의 일"이다. 구원은 하나님이 우리에게 주시는 선물이다. 모든 구원의 이야기에서 하나님은 항상 먼저 움직임을 주도하는 분이시다. "그러나 우리가 아직 죄인 되었을 때에, 그리스도께서 우리를 위하여 죽으셨습니다."롬5:8 라고 바울 사도는 말한다. 우리가 하나님과의 관계를 갖고 변화될 수 있는 것은 우리가 놀라운 믿음을 가졌기 때문이 아니라 예수의 신실하심 때문이다.

성령은 우리 각자에게 찾아오시고, 각각의 사람에게 각기 다른 방법으로 우리를 하나님께로 이끄신다. 우리는 성령께 "싫습니다" 라고 말할 수 있다. 하나님은 우리에게 예수를 따르라고 강요하지 않으신다. 그러나 성령이 우리가 들어야 할 말

여정으로서의 믿음

루크: 저는 구원은 하나의 여정이라고 생각합니다. 저는 때로는 아주 열심히 때로는 조금 덜 열심히 하나님과의 관계를 새롭게 하려고 노력합니다. 하지만, 이것은 하나의 여정이에요. 저는 구원은 이번 한 번의 경험이라는, 어릴 적 들었던 이야기 식을 그다지 좋아하지 않아요. 아무도 제가 "회개" 한 후 어떤 일이 일어나는지 저에게 말해 주지 않았습니다.

조쉬: 어떤 일이 일어났는데요?

루크: 아직 다 일어나지 않았어요. 아직도 내가 배워야 할 것들이 많죠. 저는 아직도 쉽게 유혹을 받아요. 그 밖에도 많습니다.

미셸: 네 믿음은 하나의 여정이지요. 동시에 대부분의 사람들에게는 특정한 시작점이 필요해요. 설사 그들이 하나님을 늘 알고 있었고 예수를 항상 사랑했다고 해도 말이에요. 성격이나 살아온 환경에 따라 어떤 사람들에게는 큰 회심의 경험이 필요한 반면 어떤 사람에게는 점차적인 헌신이 필요하죠. 어떤 사람들은 자신이 예수를 믿기 시작한 순간이 언제였는지 말할 수 있는 반면 또 다른 어떤 사람들은 정확한 날짜를 기억할 수는 없지만 자신이 예수를 믿기로 결정했다는 것을 알고 있어요. 침례는 사람들이 자신이 믿음의 여정을 시작했다는 것을 세상에 알리는 중요한 하나의 방식이죠.

씀을 속삭여 주실 때, 비록 그 메시지가 쉽게 들리지 않는다 해도 우리는 그것을 믿음으로 받아들인다. 눅18:18-30

> 구원은 생명과 죽음의 문제이다. 하지만, 이것은 구원이 죽음 이후의 삶에 관한 것이라고 믿는 것과는 다른 것이다.

우리가 "예"라고 말할 때, 초자연적이고 말로 설명할 수 없는, 믿기 어려울 정도로 놀라운 일이 우리에게 일어나게 된다. 이것이 구원의 일부이면서도 이해하기 가장 어려운 부분이다. 하나님은 우리를 변화 시키신다. 하나님은 우리를 새로운 사람으로 만드신다. 성령은 우리 안에 사시고, 우리는 "그리스도 안에서" 우리 자신을 발견한다. 하나님은 우리의 죄를 용서하시고, 죄의 사슬을 끊어주기 시작하신다. 그래서 우리가 창조된 모습 그대로 회복될 수 있는 자유를 주신다. 우리는 새로운 정체성을 가지게 된다. 우리는 변화되는 것이다. 롬6:1-14

이런 일은 우리가 느끼든 느끼지 못하든 상관없이 일어나게 된다. 기독교는 일련의 감정 이상이기 때문이다. 구원은 부흥회나 거대한 예배에서 우리가 느끼는 그런 감정적 흥분과는 다르다. 우리가 갖게 되는 하나님과의 경험은 하나의 여정이기 때문에, 거기에는 기복이 있을 수 있다. 그리고 예수와 나눈 우리의 경험이 다른 그리스도인의 경험과 다르게 보일 때, 그것이 그들의 경험은 진짜이고 우리의 것은 진짜가 아니라는 것을 의미하지 않는다. 하나님은 하나님 보시기에 알맞은 방법 즉, 각각의 사람에게 각기 다른 방법으로 역사하신다.

구원은 "우리의 일"이다. 구원이 하나님의 일인 만큼, 구원은 또한 우리의 일이기도 하다. 예수는 결코 자신을 따르라고 강요하지 않으신다. 우리에게도 마찬가지이다. 성령은 우리에게 예수를 따르고 하나님의 백성이 되라고 초대하신다. 그리고 우리는 이 초대를 받아들일지 말지 결정을 해야 한다. 이것은 우리가 몇 대째 믿음의 가정에서 자라났어도 마찬가지이다. 우리 각자는 긍정이든 부정이든 반응할 책임과 권리가 있다. 우리가 주의를 기울이지 않으면, 우리의 반응과 역할을 지나치게 강조할 위험이 있고 그럴 경우 구원은 우리를 천국에 들어가게 해주는, 착한 행실보다 조금 더 나은 정도의 공로 배지가 되어버린다는 것도 사실이다. 그래서 다시 한 번 말하지만, 구원은 하나님에 대한 것이며, 우리 안에서, 우리를 위해 일하시는 하나님의 일이다. 그러나 구원은 하나님이 제시하시는 이 놀라운 선물을 받아들여야 한다는 의미에서 여전히 우리의 일이다.

구원은 "회개에 관한 것"이다. 예수와 그의 제자들이 선포했던 핵심 메시지는 "때가 찼다. 하나님의 나라가 가까이 왔다. 회개하여라. 복음을 믿어라"막1:15라는 말씀이었다. 예수를 만난다는 것은 당신이 마침내 얼굴과 얼굴을 맞대고 당신의 최악의 원수인 당신 삶의 죄와 직면한다는 것이다. 베드로가 처음 예수를 만났을 때처럼, 우리는 다음과 같은 기도의 자리로 나아가게 된다. "주님, 나에게서 떠나 주십시오. 나는 죄인입니다"눅5:8 물론, 예수는 베드로를 떠나지 않았다. 예수는 베드로에게 자신을 따르라고 말씀하셨다.

> 회개
> 죄로부터 돌아서서 삶의 진정한 변화에 헌신하는 것

성경에 있어서 회개는 단지 "죄송합니다"라고 말하는 것과는 다르다. 회개는 우리의 삶의 방향을 180도로 바꾸는 것이다. 이것은 우리가 우리 자신의 길이 아닌 하나님의 길을 따르겠다고 우리의 행동의 방향을 돌리는 것이다. 이런 선회는 우리의 힘만으로는 불가능하다. 그러나 그곳이 바로 성령께서 우리 안에서 초자연적인 방법으로 역사하시는 곳이다. 우리가 예수께 예라고 말하는 바로 그 곳, 그 순간에 성령께서 역사하신다. 만약 우리가 여전히 우리의 죄 가운데 남아있어야 한다면, 하나님의 구원 이야기가 진정 "복음—좋은 소식"이 될 수 있을까? 만약 우리가 서로에게 용서를 구하지 않고, 용서 받지 못한다면 그리고 이런 관계를 하나님의 도움 속에서 치유하지 못한다면 이것이 진정 "좋은 소식"이 될 수 있을까? 아니다. 우리의 구원은 지금 시작되고, 구원은 기쁜 소식이다.

우리가 우리의 죄를 직면하고 고백함에 따라, 하나님은 우리의 잘못과 선한 일을 실천하지 못한 과오를 모두 용서하신다.요일1:9 그러나 하나님은 우리를 거기에 머무르도록 놔두지 않으신다. 성령은 세상과는 다른, 우리가 진정한 삶을 살기 위해 필요한 것을 우리에게 주신다. 모든 사람이 자신을 위해 최고를 추구할 때, 우리는 다른 사람의 유익을 먼저 구한다.빌2:4 다른 사람들이 서로 지배하려고 할 때, 우리는 서로의 발을 씻기며 섬긴다.요13장 세상이 자신의 사랑에 보답을 줄 사람만을 사랑할 때, 우리는 그것을 넘어 우리의 원수도 사랑한다(마 5:43-48). 우리가 이렇게 하는 것은 의무감 때문이 아니라 우리가 바로 그런 사람이기 때문이다. 그것이 하나님의 자녀가 하늘에 계신 그들의 아버지처럼 행동하는 방법이다.

구원은 예수가 구주이고 우리 삶의 주인이라는 것을 의미한다. 종종 우리는 예수를 우리의 구원자로 이야기하고 또 다른 상황에서는 예수를 주님으로 이야기한다. 이러한 사실은 매우 중요하고, 우리 안에서 이 둘은 하나로서 역사한다. 우리는 하나님으로부터 호의를 얻기 위해 할 수 있는 일이 아무것도, 그 어떤 것도 없다는 것을 기억해야 한다. 우리는 모든 것을 망쳐놓은 사람들이다. 우리는 모두 예수 그리스도를 통해 우리에게 주시는 하나님의 은혜로운 구원의 선물이 필요한 사람들이다. 우리는 우리 자신을 구원할 수 없다. 오직 예수 만이 하실 수 있다.

그러나 또한 예수는 우리 삶의 주인이어야 한다. 어떤 것이나 어떤 사람이 우리의 최우선과 전적인 충성의 대상이 된다면 그들은 우리의 주인이 된다. 가장 최우선이 되는 것이 무엇이든 그것이 주가 되는 것이다. 초대 교회 때, 로마 제국의 사람들은 "시저가 주님이다"라는 선포를 해야 했다. 만약 그들이 공중 앞에서 이 선포를 하지 않으면, 그들은 붙잡혀 처벌되었다. 그러나 그리스도인 신자들에게, 이것은 큰 딜레마였다. 예수와 시저가 모두 주님이 될 수는 없었다. 그리스도인들은 선택을 해야 했는데, 이는 종종 생명의 위험을 감수해야 하는 일이었다. 누가 그들에게 최상의 안전을 제공해 줄 수 있을 것인가? 누구에게 그들이 충성해야 할 것인가? 무엇이 가장 "실재적인" 현실인가?

"예수가 주님이시다"라고 하는 것은 이 시대, 북미와 같은 곳에서 죽임을 당하는 일은 아닐 것이다. 그러나 선택의 결과는 여전히 유효하다. 예수와 정부는 우리에게 동일한 충성을 얻을 수 없다. 우리는 우리의 궁극적인 안전을 예수와 군사력 모두 안에서 구할 수는 없다. 어느 것이든 예수에 앞서 놓는 것은 그것을 우상으로 만드는 것이 되고, 예수 대신 그것을 주님으로 모시는 것이 된다. 만약 이 땅의 법이 하나님의 법과 대립될 때, 우리는 하나님을 먼저 순종해야 한다. 행5:29; 4:20

이것은 우리를 더 깊은 주제로 나아가게 한다. 세상은 매우 교묘한 방법으로 우리의 충성을 얻으려 한다. 만약 예수가 진정으로 우리 삶의 주인이라면, 그땐 세상이 큰 문제라고 말하는 모든 사회적 장벽들이 우리에게 그렇게 큰 문제가 될 수 없다. 초대교회에서 예수는 주님이셨기 때문에 민족의 주님이 아니었다 유대인은 이방인과 함께 먹을 수 있었고 종들은 그들의 주인들과 함께 예배드릴 수 있었다. 이런 일은 세상 어디에서도 들어보지 못했던 일이다. 이것은 홍해를 건너는 일과 같은 기적이었다.

믿음으로 살아가기

오랫동안 '나는 옳아야 한다'는 생각이 하나님께 내 모든 삶을 드리는 것을 막고 있었다. 나는 내가 마주하는 모든 질문과 문제에 대한 '정답'을 힘겹게 찾아 다니고 오랫동안 논쟁하곤 했다. 때때로 나는 상대방이 내가 맞다고 인정할 때까지 논쟁을 멈추려 하지 않았다. 어떤 문제에 대해 분석적으로 접근하고 믿는 바를 당당하게 말하는 것은 긍정적인 것이다. 하지만, 언제나 '옳아야' 하는 나의 욕구는 나로 하여금 무엇이든 또 다른 시각으로 바라보지 못하도록 했고 나를 비판적인 사람으로 만들었다. 언제나 옳아야 한다는 나의 욕구는 완벽하지 못함에 대한 두려움과 특정상황에서 혹은 특정 방향으로 가야 하는 내 삶 속에서 내가 잘못된 일을 하고 있을지도 모른다는 불안으로부터 나오는 것이었다. 비폭력과 관련된 기관에서 일을 하면서 나는 매일매일 나의 옳고자 하는 욕구를 내려놓고 대신 변함없으신 사랑과 지혜의 주님 앞에 그 순간 내가 할 수 있는 최대한으로 단순하고 신실하게 나아가도록 부름을 받는다. 주님은 모든 것을 아시며 모든 것을 주관하신다. 행동으로 옮기기 전 내가 그림 전체를 보지 못하고 모든 것을 알지 못한다 해도 괜찮다. 비폭력이라는 기독교 윤리는 끊임없이 반복되는 고백과 변화됨, 그리고 확신의 과정을 의미하는 것이다.

–인디애나, 에카르트, Sarah Thompson

구원은 하나님과 영원히 함께하는 것을 의미한다. 이 얼마나 놀라운 소식인가? 우리는 우리가 죽을 때 하늘에 거할 곳이 있다. 우리는 예수와 영원히 함께할 것이다. 구원은 단지 이곳 땅 위에서 일어날 일들만이 아니다. 우리는 죽음 이후에도 삶을 살 것이다. 우리는 부활을 경험할 것이다. 우리가 흘린 모든 눈물이 마를 것이다. 어려운 시련의 시간에, 우리는 이것 때문에 위안을 얻을 수 있다. 이 날이 바로 우리가 예수를 만나는 날이다! 요14:1-7; 계21:1-4; 빌1:21-26

> 예수 대신에 우리가 우리의 주인으로 섬기도록 유혹받는 것들은 무엇인가? 어떤 사람에게 그것은 항상 최신의 옷이 필요하거나, 유명해야한다는 압력이거나, 군대를 신뢰한다거나 하는 일들이다. 우리의 신뢰를 어디에 놓을 것인가에 관한 199쪽 신앙고백 요약 23항을 읽고 토론하라.

이제 나는 무엇을 해야 할 것인가? 예수께 '예' 라고 말하라

지금까지, 우리는 구원을 설명했다. 하나님이 역사에 개입하시고, 우리 삶에 개입하시는 것에 대해 이야기 했다. 이런 이야기들은 우리에게 각자의 삶 속에서 반응하도록 요청하고 있다. 만약 당신이 예수를 따르는 결정이 무엇을 의미하는 것인지 궁금하다면 다음의 것들이 이를 요약해 줄 것이다.

1. 하나님의 이야기(역사)를 당신의 이야기로 선택하라. 세상에는 우리가 누구이며 왜 존재하는가에 대해 설명하려는 많은 이야기들이 있다. 우리는 하나님이 우리를 사랑하시고, 예수 그리스도를 통해 우리를 이끄신다는 하나님의 이야기를 선택한다. 이 이야기는 이제 우리의 정체성이 되며, 세상을 바라보는 우리의 방법이 된다. 우리는 예수를 "믿는다".

2. 하나님의 용서와 은혜를 받아들인다. 우리 모두는 하나님과 화해하는 것이 필요하다. 하나님은 우리가 용서받고 하나님과의 관계를 회복하기 위해 필요한 모든 것들을 예수를 통해 공급해 주신다. 우리가 회개할 때, 즉 우리 죄를 고백하고, 신실하게 살 수 있도록 힘을 달라고 하나님께 구할 때 우리는 용서를 경험하게 된다.

> 당신이 경험한 구원은 무엇입니까? 당신은 극적인 하나님과의 만남을 경험해 보았습니까? 아니면 보다 점진적으로 믿음을 가지게 되었습니까?

3. 하나님의 백성에 참여한다. 하나님은 지속적으로 하나님의 길을 따르는 백성을 창조해 오셨다. 구원은 개인적인 경험만이 아니다. 이것은 하나님의 백성에 참여하는 것이며, 세상을 향한 하나님의 선교에 동참하는 것이다.

예수가 어부를 부르시다.

138 · 하나님의 이야기, 우리의 이야기

4. 기쁨에 찬 감사로 예수를 따르라. 우리는 예수를 구원자요, 주님으로 따른다. 이는 의무로, 그렇게 해야 하기 때문이 아니다. 성령의 권능 안에서 우리는 예수를 따를 수 있을 뿐 아니라 그렇게 하기를 원하는 것이다. 우리는 하나님이 우리에게 하신 모든 일로 인해 기쁨에 찬 감사 속에서 살아간다. 이것은 가장 어려운 일이면서도 동시에 가장 즐거운 일이다. 매리언 본트래거가 켄사스주 헤스톤의 헤스톤 칼리지에서 한 강연에서 영감을 받음

침례[세례]와 재침례[재세례]

침례의 절차는 메노나이트를 포함한 아나뱁티스트(재침례)교단에 있어 항상 매우 중요하게 여겨져 왔다. 아나뱁티스트는 "다시 침례받는 사람들"을 가리키는 말이다. 1500년대 유럽, 아나뱁티스트들은 국교회에서 태어나는 모든 아기들에게 무조건적으로 세례를 주는 것을 거부했다. 아나뱁티스트들에게 침례는 그리스도를 따르기로 하는 개인의 결정, 즉 아기들은 할 수 없는 결정을 의미했다. 그들은 아무리 성경을 들여다 보아도 유아세례의 예를 찾아볼 수 없었다. 그들이 찾을 수 있었던 것은 사람들이 예수에 대한 자신의 헌신의 증거로 침례를 받는 것이었다.

그래서 아나뱁티스트는 유아로서 세례를 받았던 성인들에게 다시 침례를 주고 자신의 아기에게 세례를 주는 것을 거절하였다. 시민들의 이러한 불복종 행위는 국교회에 큰 위협이 되었다. 이것은 국가의 권위를 부인하는 것이었을 뿐만 아니라 좀 더 중요한 점은, 과세를 위해 인구를 조사하는 일을 크게 방해하였다. 유아세례는 시민이 되는 과정의 일부였다.

자신들의 자녀에게 유아세례를 주는 것을 거부함으로써 아나뱁티스트들은 또한 국가와 교회가 하나여서는 안 된다는 성명서를 만들고 있었다. 예를 들어, 독일의 시민이라는 것이 자동적으로 그리스도인임을 의미해서는 안 된다는 것이었다. 만약 이것이 성립된다면 기독교를 전파하는 '가장 좋은 방법'은 다른 나라를 무력으로 정복하고 그 땅의 사람들을 시민으로 만드는 것이 되는 것이었다(그리고 기독교가 로마제국의 공식종교가 된 4세기부터 이것이 실제로 기독교가 전파된 방식이었다. 이후 십자군 전쟁 동안 군인들은 포로들의 목에 칼을 들이대고 기독교인이 될 것을 강요하였다).

아나뱁티스트에 대한 더 자세한 내용은 196쪽을 참조하라. 또한 신앙고백 요약 11항의 침례를 참조하라.

침례: 공적인 고백

예수를 구원자요 주님으로 고백하는 일이 감당할 수 없는 일처럼 느껴질지도 모른다. 그러나 이것은 놀랍고, 삶을 변화시키는 단계이기도 하다. 그리스도인들은 교회에서 침례의식을 통해 자신의 결정을 공적으로 고백한다. 사람들은 침례에 대해 많은 질문들을 가지고 있다. 이것은 단지 의식일까? 어떤 구원을 주는 능력이 있는 것인가? 그리스도인이 되기 위해 혹은 천국에 가기 위해 침례를 받아야 하는가? 이것은 교단 전통에 따라 어떤 나이가 되면 해야만 하는 그런 것인가?

여기 성경이 침례에 대해 말하는 몇 가지 사실들이 있다.

침례는 믿음의 표지sign이다. 오순절 날 예수에 대한 베드로의 이야기를 받아들인 사람들은 침례를 받았고 예수의 제자 그룹에 참여하였다.행2:41-42 신약에서 침례는 항상 회개 그리고 믿음과 연관되어 있다.

침례는 우리의 믿음을 돕는다. 침례는 그리스도 안에서의 새로운 삶을 상징하고 그것을 우리에게 상기시킨다.롬6:1-4 다른 의식들처럼, 그 자체로 특별한 능력이 있는 것은 아니다. 이것은 또한 기적이나 영적 충만을 보장하지도 않는다. 그러나 의미 없는 헛된 실천 또한 아니다. 다른 의식들처럼 새로운 방법으로 하나님을 경험하도록 우리를 이끈다.

침례는 하나님의 부르심에 순종한다는 것을 보여준다. 예수 스스로도 자신의 소명을 향한 첫걸음을 내 딛을 때, 침례로 시작하셨다. 침례를 받을 때, 우리는 하나님이 이끄시는 역사에 참여할 준비가 되었다는 것을 보여주는 것이다.마3:13-17 예수는 제자들에게 세상에 가서 제자를 삼으며 침례를 주고 그들에게 예수의 가르침을 지키도록 가르치라고 하셨다.마28:19-20

침례는 서약이다. 침례는 우리가 "그리스도의 몸"인 교회의 일부가 될 준비가 되어있음을 공적으로 보여주는 것이다.갈3:26-28 하나님과의 이런 새로운 삶은 지역 교회의 상황 속에서 실천되어야 한다. 이것이 믿음과 상호 책임과 사역에 대한 헌신이다.롬6:1-11

침례는 통행권이 아니다. 어떤 일정한 나이나 학년에 침례를 받는 것은 유아세례나 다를 바가 없다. 침례는 우리가 스스로 예수께 헌신하기로 결정한 후에 이루어져야 한다. 그리고 그 때는 사람마다 다를 수 있다.

침례는 성취를 인정해 주는 의식이 아니다. 침례는 우리가 믿음을 탐색해 보는 과정을 마쳤다거나 영적으로 성숙했다는 징표가 아니다. 침례는 우리가 하나님을 위해 무엇을 성취했다는 것을 보여주는 것이 아니라, 그것은 그리스도 안에서 하나님이 우리에게 행하신 것에 대한 상징이다.

하나님의 역사는 다른 스타일과 다른 모습들을 갖는다

뿌리는 것, 붓는 것, 그리고 잠기는 것은 수세기에 걸쳐 교회가 사용한 세 가지 다른 유형의 침례 의식이다. 각각의 방법은 성경적 기초가 있고, 각각은 구원에 대한 특별한 면을 강조한다.

뿌리는 것은 우리에게 유대 희생제의를 상기시킨다. 제사장들은 동물의 피를 제단 옆에 뿌렸다.레7:2; 16:14 그리스도인들은 히브리서 10장 22절에서 이 고대의식을 예수 그리스도의 죽음에 적용한다: "우리가 마음에 뿌림을 받아 양심의 악을 깨닫고 몸을 맑은 물로 씻었으니 참 마음과 온전한 믿음으로 하나님께 나아가자." 침례의 물이 새로운 신자에게 뿌려질 때, 그것은 예수의 죽음을 통해 죄와 죄책감이 씻겨지는 것을 묘사한다.

붓는 것은 유대 제사장들이 섬김을 위해 구별될 때 기름으로 부어졌던 의식을 상기 시킨다.출29:7 신약에서, 하나님은 성령을 "부어" 주신다.행2:17; 33; 10:45; 딛3:6 물이 침례 받는 자에게 부어질 때 이것은 그들의 삶에 성령이 임하는 것과 그리스도를 섬기겠다는 그들의 완전한 헌신을 묘사한다.

침례의 여러 모습

교회 멤버십

미셸: 멤버십에 대해 어떻게 생각해요?

타라: 좋다고 생각해요. 중요한 거구요.

미셸: 침례하고 연관이 있어야 할까요?

마이크: 그리스도인이 된다는 것은 교회의 구성원이 되는 것을 의미한다고 지금까지 얘기해왔으니까…네, 당연히 그래야죠.

미셸: 하지만, 어떤 사람들은 침례는 받고 싶어하지만, 교회멤버가 되고 싶어하지는 않는 것 같아요. 왜 교회멤버가 되고 싶어 하지 않을까요?

타라: 아,,, 이제 무슨 말씀을 하려고 했던 건지 알 것 같아요. 만약 교회가 세상과 별 차이도 없이 그저 그런 곳이라면 저도 그다지 교회의 구성원이 되고 싶어할 것 같지 않아요. 그리스도인들의 말과 행동이 다르다면 누가 기독교를 원할까요?

마이크: 이론적으로는 특정 교회에 소속되어 멤버가 되지 않더라도 그리스도인이 될 수는 있어요. 이 둘을 혼동해서는 안 되죠. 하지만, 어디에선가 하나님의 백성–지역 교회–중 일부가 되기는 해야 돼요.

타라: 교회는 사람들이 교회에 참여하기 원치 않는다는 사실 자체에만 골몰해 있을 게 아니라 정말 왜 그런지 그 원인을 잘 들여다 볼 필요가 있어요. 그리고 사람들에게 흘러보낼 생명력을 회복해야죠.

잠기는 것은 죽음과 부활을 상징화한다. 침례 받는 자는 물속에 잠기게 된다. 이스라엘이 홍해를 통과할 때, 그들은 자신의 과거 노예로서의 구습을 뒤에 남겨두고, 새로운 자유를 소유한 하나님의 백성으로 다시 태어나게 된다. 사도바울은, 신자들은 침례를 통해 그들의 낡고 죄된 이전의 삶을 묻어버리고 그리스도 안에 있는 새로운 삶으로 일어난다고 말한다.롬6:1-4; 고전10:1-2; 골2:12 베드로는 침례를 죄악된 세상을 "묻는" 노아의 홍수와 연관 시킨다.벧전3:19-21 그래서 오늘날 잠기는 것은 죄에 대한 우리의 죽음과 그리스도를 통한 새로운 삶으로의 태어남을 상징할 수 있다.

침례와 성령. 신약은 그리스도인들이 "한 성령 안에서 침례를 받은" 존재라고 말한다.고전12:13 성경이 구체적인 사건의 진행에 대해 말하지는 않지만, 물 침례와 성령의 오심은 매우 밀접한 연관성을 갖는다. 예수가 침례를 받은 일에서, 성령은 그가 침례를 받은 바로 그때 예수 위에 머무셨다.요1:33 사도행전에서, 어떤 사람들은 물로 침례를 받기에 앞서 특별한 성령의 표시sign로 "침례" 받았다.행10:44-48 또 어떤 사람들은 물 침례를 먼저 받았다.행8:14-16 성령은 우리가 예수께 예라고 대답할 때, 우리에게 특별한 방법으로 임하신다. 성령은 우리가 하나님의 일을 할 때 사역을 위해 특별한 은사들을 부어주신다(엡 4:1-16; 고전 12). 성령은 사랑과 희락과 화평과 오래 참음과 자비와 양선과 충성과 온유와 절제의 열매를 맺게 하신다.갈5:22

믿음의 가족이 되기: 교회 회원권

침례교인에게 침례는 지역교회의 회원으로 가입하는 의미가 있다. 우리는 섬처럼 혼자서 그리스도인의 생활을 영위 할 수 없다. 예수를 구주로 영접하는 것은 그분을 따르는 다른 사람들과 영적인 가족이 되는 것이다. 이 가족은 언제나 실제 사람들의 모임이며, 어떤 상징적인 연합체가 아니다. 하나님은 여전히 그의 백성을 창조하시는 것이지, 천국 티켓을 가진 많은 개인들을 창조하시는 것이 아니다. 우리는 서로를 지지해주고 상호 책임을 가질 필요가 있으며 분별을 위해서도 서로가 필요하다. 사도 바울은 고린도인들에게 하나님의 "성전"과 "그리스도의 몸"이 되는 것에 대해 말하고 있는데고전3:16-17 이 둘은 모두 서로에게 의존하는 여러 부분들로 이루어진 것을 묘사한다.

> 196쪽 교회에 관한 신앙고백 요약 9항을 보라.

교회는 클럽이 아니다. 교회의 회원권은 클럽의 회원권과는 다르다. 오늘날 우리는 많은 클럽에 속하라는 클럽의 범람 속에서 살고 있다. "회원권은 회원에게 특권을 준다"고 신용카드 회사는 말한다. 대부분의 기관에서 회원이 되는 것은 어려운 것이 아니다. 돈을 지불하거나 어떤 특별한 작은 일을 하거나 하면 가입할 수 있다. 대부분의 사람은 그것이 유익을 주기 때문에 가입하며 또한 자신의 클럽에 맞지 않는다고 생각되는 사람들이 오는 것을 원치 않는다.

교회에서 회원권은 그런 것과는 거리가 멀다. 어떤 사람도 인종이나 성별, 수입 때문에 하나님의 백성에서 제외될 수 없다. 회원권은 공짜이다. 동시에 교회의 기준은 다른 어떤 그룹보다 높다. 이것은 당신의 모든 것, 즉 생명까지도 대가로 요구한다. 그렇다고 당신이 교회의 회원이 되면 죽게 된다거나 당신 재산을 모두 포기해야 한다는 말은 아니다. 그러나 그럴 수도 있다. 만약 하나님이 당신에게 그렇게 하도록 요청하신다면 말이다.

지역 교회에 참여하는 것이 유익을 주지만 그렇다고 뭔가를 얻기 위해 우리가 지역 교회에 참여하는 것은 아니다. 우리가 교회에 참여하는 것은 그것이 그리스도 안에서 우리가 누구인가에 대한 것이기 때문이다. 하나님을 향한 예배와 순종의 일부분으로서 그렇게 하는 것이다. 만약 우리가 무언가 얻을 것을 기대하고 오는 것이 아니라 드리려는 열망에서 온다면 예배가 어떻게 달라질지 생각해 보라.

여정을 위한 양식과 음료: 주님의 만찬

교회의 높은 기준예수처럼 사는 것과 열린 회원권이라는 특이한 결합은 세상 사람들에게는 매우 이상한 것처럼 보일 것이다. 그러나 이 모든 것을 연합시키는 것은 사랑이다. 이 믿기 어려운 사랑은 우리가 주의 만찬 혹은 성찬이라고 부르는 것 속에서 축하되고 공급된다. 이 의식에서, 그리스도인들은 예수의 죽음을 기억하고 선포하기 위해 모인다.

예수가 십자가에 달리시기 전 목요일 저녁 제자들과 하셨던 것처럼 우리는 빵과 포도주를 먹는다. 눅22:14-23 우리는 하나님이 바로의 억압으로부터 노예의 무리를 해방시키셨던 출애굽을 기억하며 특별

제자들의 발을 씻는 예수

> 성찬과 세족에 관한 신앙고백 요약은 196-7쪽 12, 13항을 보라.

히 예수가 가져오신 새로운 현실을 경축하는 것이다. 쪼개진 빵은 십자가 상에서 찢기신 그리스도의 몸을 상징한다. 포도주는 우리를 위해 흘리신 그리스도의 피를 상징한다. 우리가 빵을 먹고 포도주를 마실 때 우리는 예수의 임재를 인식하며, 우리의 마음을 예수와 서로에게 활짝 열어 놓는다.

예수는 빵과 잔이 자신의 죽음을 통해 하나님이 우리와 맺으신 새 언약의 상징이라고 말씀하셨다. 마26:28; 막14:24; 눅22:20 구약의 언약처럼 이 마지막 언약은 세상을 향한 하나님의 주도적인 사랑을 통해 온다. 성찬을 행할 때, 우리는 언약에 동의한 우리의 입장을 재확인하게 된다. 즉 예수의 삶을 살기 원한다고 다시 한번 고백하게 되는 것이다.

"서로"는 성찬의 일부이다. 우리가 빵과 잔에 대한 의식에 올바른 말과 예를 표한다 할지라도, 만약 우리가 교회 안에 있는 다른 사람에 대해 원망과 악의를 품고 있다면 우리는 전혀 성찬에 참여하고 있는 것이 아니다. 고전11:17-22, 27-34 우리는 우리 가운데 있는 갈등을 해결해야 하고, 서로 죄를 고하며, 용서를 구하고 또 서로 용서해야 한다. 우리는 오직 함께 있음으로 그리스도의 몸을 이룰 수 있다. 고전 12장 서로에 대한 사랑이 없을 때 성찬의 의식은 공허하며 우리는 우리 안에 있는 주님의 영을 경험할 수 없다. 고전 13장, 요일4:20

> 당신 삶 속에서 참관했거나 참여했던 모든 침례, 성찬, 또는 세족식을 생각해 보십시오. 그것들이 당신에게 의미하는 바는 무엇입니까?

서로의 발을 닦아주기. 오늘날의 성찬 예배에서는 서로에 대한 사랑을 세족식을 통해 표현하지는 않는다. 성찬과 침례식처럼, 세족식은 우리에게 구원을 주는 것이 아니다. 이것은 자동적으로 우리 안에 사랑을 심어주는 것도 아니다. 그리스도인이 되기 위해 이 의식이 요구되는 것도 아니다. 그러나 이 의식은 우리의 권위를 내려놓고, 다른 사람들을 섬기라는 우리를 향하신 예수의 부르심을 재강조하는 좋은 방법 중에 하나이다. 하나님은 모든 것을 예수의 손위에 놓으셨지만요13:3 예수는 십자가에 달리기 전날 밤 모든 것을 내려놓으시고 제자들의 발을 씻겨 주심으로써 제자들을 향한 그의 사랑을 드러내셨다. 예수는 제자들에게, 또 지금 우리에게 말씀하신다. "너희도 서로 발을 씻기라."요13:14

이 장의 요약

- **구원은 하나의 사건이면서 동시에 하나의 여정이다.** 구원은 하나님이 우리 삶 속에서 주도하시는 총체적 변화이다. 우리는 이에 대해 예라고 대답해야 한다. 구원은 값없이 주어지지만 우리에게 모든 것을 요구한다. 구원은 즉시 우리를 변화시키기도 하지만, 또한 우리 삶의 남은 기간 동안 계속해서 변화를 경험하게 한다. 이 얼마나 거칠지만 아름다운 역설인가?

- **침례, 성찬, 세족식은** 하나님이 우리 안에서 그리고 세상 속에서 역사하신다는 **표시이다.** 이런 의식들은 지금도 하나님이 행하시는 구원의 이야기들이 세상 속에 펼쳐지고 있다는 것을 상징해 준다. 이것은 예수의 삶과 죽음과 부활이 어떻게 오늘날에도 역사하고 있는지를 표현한다. 이런 것들은 또한 하나님의 역사에 우리가 반응하고 있다는 표시이다.

- **침례는** 하나님의 용서하심와 구원하심을 나타낸다. 이것은 또한 그리스도를 따르는 우리의 헌신을 표현하는 것이다. 침례는 하나님의 영이 우리 삶 속에 오심과 연관되어 있다.

> 그리스도의 제자가 된다는 것은 무슨 뜻인가요? 이 믿음의 여정을 이미 시작했다면, 이 길에서 맞게 될 다음 과정들은 무엇이라고 생각하십니까?-이 질문들에 관해서는 다음 장에서 더 살펴보겠지만 그에 앞서 몇 분간 먼저 생각해 보십시오.

- **성찬은** 십자가에서 죽으신 예수의 죽음에 봉인된 **하나님의 언약의 표시이다.** 이것은 또한 우리가 새로운 언약에 참여한다는 표시이다.

- **우리는 홀로 예수를 따를 수 없다.** 침례에서 우리가 예수에 대한 우리의 헌신을 선포할 때, 우리는 교회의 일부가 되는 것이다. 믿음의 가족으로서 우리는 우리의 은사들을 활용하고, 우리의 믿음의 여정을 위해 서로 지지해 주고 지원받는다.

영성 훈련을 위한 과제

함께 몸된 교회가 되는 연습을 해보라. 시간을 정해 3명에서 6명 정도 함께 모여 서로의 삶을 나누라. 나눔을 시작하기 쉽도록 사진, 성냥, 연필, 빗, 조화(silk flower), 지우개 등 생활소품들을 가방에 준비하여 하나씩 선택하도록 한다. 그리고 다음의 문장들 중 하나를 골라 이야기 해보도록 한다.

- 이번 주 내가 하나님을 본 때는….
- 내가 바라는 한 가지 기적이 있다면…
- 지금 내 삶에서 딱 한가지를 바꿀 수 있다면…
- 우리 교회에서 한 가지를 바꿀 수 있다면….
- 나를 위해 기도해 줄 것은….

8장의 주제들
- 그리스도인의 삶에 "물주기"
- 영적 훈련들
- 내적인 삶
- 외적인 삶
- 좋은 소식을 나누기
- 영적 은사들을 활용하기

주요 이야기
우리 자신의 삶들

8장 이야기 속에서 살기

친한 친구 중 하나가 이런 이야기를 한적이 있다. "믿음은 캔사스에 한 그루의 나무를 심는 것과 같아. 헌신은 매일 그 나무에 물을 주는 것과 같고." 나는 그가 말하는 핵심을 이해했다. 캔사스는 건조한 곳이다. 그곳은 바람도 많다. 여름엔 매우 뜨겁다. 중부 대평원의 한가운데 나무를 심는 것은 참으로 어리석은 것처럼 보일 것이다. 그곳에는 평원에

> 하나님을 믿고 십자가와 **모든 것을 믿으면서도** 그 것들은 단지 과거일 뿐이고 하나님이 오늘 나에게 말씀하시고 지금 이 세상 가운데 어떤 일을 하실 수 있다는 것은 전혀 생각지도 못하는 그리스도인들이 있다 – 타라

사는 다람쥐들만 번성하고 아무것도 없어 보인다. 이곳에 나무를 심으려면 어느 정도의 용기가 필요하겠지만 매일 거듭해서 물을 주는 것에는 더 많은 용기가 필요하다.

만약 당신이 주님께 당신의 삶을 드리고 침례를 받았거나 침례 받기로 계획하고 있다면 당신은 나무를 심은 것이다. 그것은 대평원에서 나무가 자랄 것을 생각하는 만큼이나 믿음이 필요하다. 그러나 이제 나무가 심겨졌다면, 당신의 새로운 삶에 "물을 붓는다"는 것은 무엇을 의미할까? 당신은 하나님의 이야기로 들어가야 한다. 이제 그 이야기 속에서 산다는 것이 무슨 의미인지 알아보겠다.

물주는 것은 항상 재미있는 일은 아니다. 그러나 평원에 나무를 갖는다는 것은 매우 놀라운 일이다. 때때로 하나님과 함께 우리 삶을 자라게 한다는 것은 매우 힘든 일처럼 보인다. 그러나 하나님을 경험하는 것은 굉장한 일이다. 이 장에서 우리는 영적 훈련과 영적 은사들의 사용에 대해 논의할 것이다. 그것들은 그냥 일어나는 것들이 아니다. 그것들은 우리에게 무언가를 요구한다. 그러나 우리가 경작하고

물을 줌에 따라 우리의 믿음의 삶은 더운 여름날 큰 나무그늘 아래에서 마시는 차가운 물처럼 우리를 만족시켜줄 것이다.

초대교회 성도들은 그들의 신앙에 어떻게 물을 줄 수 있는지 배워야 했다. 사도행전에 나오는 사람들은 주님을 받아들이고, 침례를 받고, 교회의 일부가 되었다. 그러나 그것은 단지 시작일 뿐이었다. 그들은 회심을 경험했지만 변화는 아직 이루어지지 않았다. 제자들처럼 새로운 신자들은 예수와 함께 걷는 것을 배워야 했다. 문제이자 동시에 이점이기도 했던 것은 더 이상 눈으로 볼 수 없는 예수를 이제 성령을 통해 경험하게 되었다는 것이다. 때때로 이것은 매우 강력하며 실제적이었다.행4:31 그리고 때때로, 그들이 가진 믿음보다 더 많은 믿음을 요구했다. 그들이 계속 함께 모여 기도하고 가르치고, 서로 도운 이유가 이것 때문이다.행4:32-34

한 이야기에서는 그녀의 지도자들보다 믿음이 더 큰 것처럼 보이는 한 소녀가 나온다. 한 무리의 신도들이 베드로가 감옥에서 구출되기를 위해 기도하고 있었다. 그러나 기도가 실제로 응답되었을 때, 그래서 베드로가 문 앞에 나타났을 때, 바로 그 로다라는 소녀 이외에는 성도 중 그 누구도 그것을 믿지 못하였다. 그녀는 귀신이 아닌 진짜 베드로가 문 앞에 있다고 계속 주장했다. 마침내 그들은 스스로 확인하고 나서야 베드로를 안으로 들어오게 했다.행12:6-17

그래야 할 필요는 없지만 그러나 그렇게 해야 한다. 초대 교인들이 그랬던 것처럼 우리도 그렇다. 우리가 그리스도인이 되었을 때 우리는 다른 사람이 된다. 예수는 우리의 "새로 태어난" 존재에 대해 이야기하셨다.요3:3 그리고 바울은 하나님의 백성이 "새로운 피조물"이라고 이야기 했다.고후5:17 우리는 새로운 정체성을 얻었다. 우리는 어떤 사람들이 생각하기에 미쳤다고 여길 일들을 한다. 예를 들어 원수를 사랑하고 시간을 들여 기도를 한다. 이런 것을 하지 않는 것은 하나님의 계획안에서 이상한 일들이다. 우리가 어떻게 우리의 본성이 하려고 하는 것을 하지 않을 수 있는가?

그렇다면 이제 질문은 "만약 내가 그리스도인이기 때문에 성령께서 이 모든 변화를 일으키신다면, 이제 나는 무엇을 해야 합니까?" 라는 것이다. 그리스도인의 삶을 사는 것에 대해 설명하기는 어렵다. 존재와 행함이 모두 혼재해 있기 때문이다. 약2:14-26 한편으로, 우리는 아무 것도 할 필요가 없다. 그것이 끝이다. 우리는 기도를 하거나 교회에 갈 필요가 없다. 사실 우리는 하나님의 승인을 얻기 위해 할 수 있는 것이 아무것도 없다! 하나님의 사랑은 선물이며, 우리 그리스도인은 이 받을 자격이 없는 사랑을 "은혜"라고 부른다.

그러나 다른 한편으로 만약 우리가 하나님의 은혜를 경험한다면, 우리는 우리의 삶을 통해 하나님을 사랑하기 원한다는 것을 발견하게 된다. 우리는 영적 훈련을 행하기 원하고, 하나님의 뜻에 맞추어 살기 원하는 나 자신을 보게 된다. 그래서 우리는 물을 주고 우리의 믿

> **하나님의 은혜의 선물**이 실제라면 이는 또한 "값싼 은혜"로 우리에게 다가올 수도 있다. 우리가 하나님은 언제든 우리의 죄를 용서해 주시고 언제나 우리를 사랑하시기 때문에 우리가 어떻게 살든, 굳이 제자로서의 삶을 살지 않아도 괜찮다고 생각할 때 하나님의 은혜의 선물은 값싼 은혜가 된다.

타라: 제가 정말 정말 솔직한 이야기 하나 해도 될까요? 가끔씩 전 정말…내가 알게 뭐야? 이래요. 제 말은… 하나님을 믿긴 하지만, 자꾸 감정에 치우치고 때로는 가식적이기도 해요. 교회도 왜 가야 하는지 잘 모르겠고, 침례를 받았던 그 날은 정말 기분이 좋고 내가 신실하다고 느꼈었는데… 바로 2주 정도가 지나자 왠걸요, 다시 예전의 나로 돌아가 있었어요.

마이크: 교회는 좋은 곳 아닌가?

타라: 물론 좋은 곳이죠. 전 교회를 싫어하는 게 아니에요. 가식적으로 척하는 게 싫을 뿐이에요.

로젤라: 가끔은 지루하기도 하고 힘들 수도 있지. 하지만, 예수 안에서 우리가 가지고 있는 것들에 꼭 붙어있는다면 그건 멋진 일이지.

루크: 네 그럴지도 모릅니다. 하지만, 저는 이 가식이라는 문제에 대해 좀더 생각해 볼 필요가 있다고 봅니다.

마이크: 어쩌면 예수를 구원자로 영접하긴 했지만 주님으로는 모시지는 않았기 때문이 아닐까요?

타라: 헉!

마이크: 오 미안…

타라: 아뇨… 아마도 그 말이 맞는 것 같아요.

> 예수 그리스도를 삶으로 따르지 않는다면 누구든 그리스도를 알 수 없습니다. 그리고 그리스도를 알지 못한다면 누구든 그 분을 삶으로 따를 수 없습니다. – 한스 뎅크(초기 아나뱁티스트 지도자)

음을 경작하는 일이 매력적이게 보이지 않을지라도 그렇게 할 것이다. 예를 들어 교회를 가는 것과 같은 간단한 훈련의 경우도, 그것이 항상 기쁨에 넘치는 일만은 아니지만 우리는 여기에 순간적인 만족을 넘는 어떤 것이 있음을 이해한다. 이것이 너무 설득력이 없다고 여겨지는가? 훈련에는 목적이 있고 훈련이상의 즐거움이 있다. 리차드 포스터가 『영적 훈련과 성장』에서 쓴 것처럼, 훈련들은 우리를 변화시키고 우리의 신앙 여정에 효과적인 도움을 준다.

하나님을 위해 돛을 올리다

미셸: 우리 그리스도인들의 삶은 바다를 항해하는 배와 같아요. 우리는 바람을 받기 위해 돛을 올리죠. 그 날 바람이 불지 안 불지 우리는 몰라요. 그래서 우리가 돛을 올리더라도 멀리까지 가지 못할 수도 있죠. 하나님은 바람이에요. 그리고 돛을 올리는 것은 마치 우리의 영적 훈련과도 같아요. 우리는 돛을 올리는 것으로 강제로 하나님의 손을 움직일 수는 없어요. 하지만, 우리가 돛을 올리지 않으면– 예를 들어 우리의 시간을 들여 기도하지 않으면– 바람이 얼마나 세게 불어오든 그 바람을 온전히 받아낼 수 없을 거예요(Marjorie J. Thompson의 *Soul Feast* 중에서 : 204쪽을 보라).

마이크: 우리가 하나님을 통제하고 조종할 수는 없지만 하나님을 위해 우리 자신을 준비시켜 놓을 수는 있다는 말이군요.

조쉬: 사람들은 자신들이 해야 될 그 모든 선한 일들을 할 수 없을 때 도대체 어떻게 할까요?

루크: 음… 마루 한 가운데 앉아서 "포기할래"라고 말하고 우는 거요? 그리고는….음. 모르겠네요. 저에게 있어 가장 큰 문제 중 하나는 저 혼자서 그리스도인으로서의 삶을 살려고 애쓴다는 겁니다. 내가 모든 걸 주관하고 저 혼자 알아서 하려고 한다는 거죠. 하지만, 우린 혼자서는 하나님이 우리에게 하라고 하시는 일들을 하지 못합니다. 성령께서 함께 하셔야만 가능하죠(롬 7–8장).

로젤라: 우리는 초조해 하거나 안달할 것 없이 그저 그 은혜 아래 있으면 되는 거지…

영성훈련: 마음의 습관들

마크 야코넬리Mark Yaconelli는 그의 책 "옳은 것을 시작하기"에서 다음과 같이 말했다. "영성 훈련들은 성도들이 하나님의 사랑의 초대에 응답하기 위해 필요한 방법이다. 그것들은 습관이며 훈련이고 삶의 일정한 양식패턴이다. 이것을 통해 우리는 그리스도와 연합을 추구하고 타인과의 연대를 추구한다." 다음은 그리스도인으로서의 우리의 삶이라는 나무에 물을 주도록 돕는 습관과 실천들의 목록이다. 어떤 것들은 다른 것들보다 더 중요할 수 있다.

기도. 기도는 하나님께 듣는 것으로, 그것을 통해 우리는 하나님의 생각에 대해 생각하기 시작하고 하나님이 사랑하는 것을 사랑하고, 하나님이 열망하는 것을 열망하기 시작한다. 그리고 보통 이것을 기도라고 정의하는데, 우리가 어떤 구체적인 것을 구할 때 하나님은 우리가 구하는 것을 주신다. 왜냐하면 하나님은 우리에게 바른 열망도 주셨기 때

> **주기도문**
> 하늘에 계신 우리 아버지여 이름이 거룩히 여김을 받으시오며, 나라가 임하옵시며 뜻이 하늘에서 이루어진 것 같이 땅에서도 이루어지이다. 오늘 우리에게 일용할 양식을 주옵시고 우리가 우리에게 죄지은 자를 사하여 준 것 같이 우리 죄를 사하여 주옵시고 우리를 시험에 들게 하지 마시옵고 다만 악에서 구하시옵소서
> - 마6:9-13

미셸: 만약 하나님이 전능하신 분이고 우리 마음을 다 아신다면 우린 왜 굳이 기도를 해야 하는 걸까요? 하나님이 그냥 알아서 하시면 되는데…

루크: 때론 그렇게 하시죠, 안 그래요?

미셸: 그러나 도대체 우린 왜 기도하는 거죠?

루크: 아마도 하나님은 우리가 그분의 파트너가 되길 원하시는 게 아닐까요?

조쉬: 그리고 왜 우리는 한 가지 일에 대해 서도 여러 번 기도를 해야 하지요? 왜 우리는 몇 번씩이나 간절히 구해야 돼요?

로젤라: 때때로 나는 아주 오랜 시간에 걸쳐 기도를 해야 되요. 왜냐하면 진짜로 이루어져야 하는 건 나의 뜻이 하나님의 뜻과 같이 되는 것이기 때문에 그래요. 그리고 난 꽤나 고집이 세거든.

루크: 하나님은 기도를 응답하시나요?

마이크: 네. 하지만, 때때로 하나님은 "아니"라고도 말씀하세요.

마이크: 나는 폭력적인 영화를 보고 나서도 곧바로 나가서 자동적으로 누굴 죽이진 않는데…

루크: 네 하지만, 조금씩 조금씩 어떤 부류의 사람들을 비인간화하게 되지는 않나요? 조금이라도 영향을 끼치지 않습니까?

타라: 알겠어요. 무슨 말인지. 무엇에든지 참되고 무엇에든지 정결한 것을 생각하라(빌 4:8)는 말이죠? 하지만, 때때로 그건 정말 쉽지 않아요.

미셸: 정확히 어떤 지점에서 우리는 하나님 말씀의 현실과 영화 속 장면의 현실을 맞바꾸게 되는거죠?

문이다. 요16:23-24; 시37:4

성경공부. 하나님은 과거의 파괴적인 생각의 습관들을 새로운 생명의 습관들로 교체하기를 원하신다. 우리가 우리 마음을 무엇으로 채울 것인가가 우리가 형성하는 습관의 종류들을 결정한다. 하나님은 우리가 하나님의 이야기를 알고 살아가며 그 이야기에 의해 변화되기를 원하신다. 우리는 열린 마음으로, 타인과 함께 성경을 공부해야 한다. 왜냐하면 어느 누구도 홀로 진리를 분별할 수 있을 만큼 똑똑하거나 객관적일 수 없다. 사실, 거만함은 이러한 훈련의 죽음을 의미한다. 우리는 성경 속의 문화적, 역사적 배경을 공부한다. 그래서 우리는 당시의 청중이 어떻게 이것을 이해했는지 알 수 있다. 그리고 우리는 그것을 우리의 상황에 적용한다. 우리는 성경을 암송해서 말씀이 우리 안에 깊이 뿌리 내릴 수 있게 한다.

공동체 예배. 홀로 하나님과 함께 있는 시간이 필요한 만큼 우리는 다른 성도와 함께하는 시간이 필요하다. 초대교회 성도들은 매일 함께 예배를 드렸다(행2:46). 지역 교회에서 함께 예배를 드리며 우리는 서로를 지지하고 격려하며 서로에 대해 상호 책임감을 가질 수 있다.

봉사. 예수는 제자들에게 "내가 주와 또는 선생이 되어 너희 발을 씻었으니 너희도 서로 발을 씻어주는 것이 옳으니라"요13:14라고 하셨다. 서로의 발을 씻는 봉사 또한 하나의 영적 훈련이다. 이것은 때로 어떤 가정의 도배를 도와주는 것이 될 수도 있고 노숙자를 도와주는 일이 될 수도 있다. 그러나 이것은 외적인 행동보다 훨씬 더 깊은 곳까지 나아간다. 아이러니하게, 외적 행동들은 진정한 봉사의 방해물이 될 수 있다. 우리는 우리가 섬기는 사람보다 더 뛰어난 사람이라고 생각하면서 우리가 얼마나 훌륭한 봉사자인가 하며 기분이 좋아질 수 있다. 진정한 봉사는 자기 의를 제거하도록 도와주며 겸손해 지도록 돕는다. 진실한 봉사는 모든 서열의식과 지도력에 대한 통념을 깨트린다.

단순성. 단순성은 모든 소유를 제자리로 돌려 놓는다. 이것은 물질들이 그 자체로 나쁘다고 말하는 것이 아니며 단지 물질들은 하나님이 아니라는 것을 확인하는 것이다. 정말이지 단순성은 하나의 내적인 실재이다. 먼저 하나님의 나라를 구하고, 진정한 기쁨을 거기서 찾는 것이다. 이런 삶은 물질적인 것에 대한 걱정으로부

조쉬: 그럼 돈이 우리의 우상이 되지 않도록 사는 것이 바로 단순한 삶인가요?
마이크: 그것이 무엇이든 우리가 그것에 우리의 안전을 둔다면 그게 우리의 우상이에요. 그런 면에서 그렇다고 할 수 있죠.
타라: 하지만, 단순한 삶 자체를 너무 받들면 그게 우상이 되고 우리는 거기에 너무 매여 있는 노예가 될 수도 있지 않을까요? 다른 말로 하면, 이 자발적 빈곤이라는 것으로 인해 지나치게 억압적이 될 수 있다는 거죠. 내가 내 죄책감 때문에 이런 말을 하는 건지 잘 모르겠지만요…
루크: 물질이 지금 당신의 삶을 지배하고 있나요?
타라: 잘 모르겠어요…
미셸: 하나님 나라에 초점을 두지 않으면 이 모든 제자의 삶을 위한 훈련들이 모두 율법적인 것들이 되고 정말 나쁜 소식이 되어버려요.
로젤라: 하지만, 내가 가진 재물과 음식을 그것이 필요한 사람들과 나누는 것은 큰 기쁨을 주지요. 하나님은 언제나 우리의 필요를 채워 주세요. 우리가 소유한 것들은 사실 모두 주님의 것이지요.
타라: 우리는 우리 자신이 우리가 가진 것이나 혹은 단순하게 사는 것에 의해 소유되는 것은 아니라고 생각할 수 있지만 그건 우리 자신을 속이는 거군요.
조쉬: 십일조와 다른 모든 헌금을 하나님께 드리는 것도 이 모든 것의 일부가 아닐까요? 저는 우리가 우리의 물질-하나님의 물질-을 하나님께 돌려 드릴 때 물질이 우리의 우상이 아님을 확실히 하는 것이라고 생각해요.

터 자유롭게 되는 외적 모습으로 나타난다. 당신은 그것들을 취할 수도 버릴 수도 있다. 빌4:10-11

단순성의 훈련은 또한 시간의 활용에 대해 우리에게 말할 수 있다. 우리의 스케줄은 너무도 바빠서 끝없이 일하는 것 외에는 아무런 시간도 낼 수 없을 때가 많다. 이것은 우리가 우리의 궁극적인 신뢰를 어디에 두고 있는가에 대해 많은 것을 말해 준다. 우리가 우리의 스케줄에 노예가 되어있을 때 거기서 무슨 자유가 있겠는가? 리차드 포스터가 말한 것처럼, 영적 훈련의 목적은 자유이다. 죄의 노예 속성으로부터의 자유, 그리스도안에서 성숙한 사람이 되는 자유, 우리를 하나님 앞에 놓는 자유 그래서 하나님이 우리를 변화시키실 수 있는 자유이다.

금식. 금식은 어떤 것보통 음식을 자제하는 훈련으로 하나님께 직접적으로 더 집중하기 위해 하는 영적 훈련이다. 이스라엘 사람들은 두 가지 이유로 금식을 했다. 보통 회개를 할 때엘 2장, 에 4장와 어려운 일을 앞두고 영적 힘이 필요할 때 자신을 준비시키기 위해 금식을 했는데 전자의 경우는 주로 전체 국가의 차원에서 이루어졌다. 예수는 광야에서 금식하셨다. 마4:1-11; 출 24, 34장; 왕상 19장도 보라 음식을 먹지 않을 때 우리는 배고픔을 느끼게 되고 우리가 하나님께 의존된 존재임을 깨닫기 시작한다. 이것은 익숙한 삶의 리듬을 깨트리며 우리에게 말씀하시는 하나님의 세미한 음성에 더 민감할 수 있어서 충분한 불안정을 우리 삶에 만들어 낸다.

침묵과 고독solitude. 많은 그리스도인들이 일정 시간 동안 말없이 또는 다른 방해 없이 홀로 시간을 보내는 훈련을 한다. 외로움이 아닌 고독은 내적 충만함을 가져오며 실제로 이것은 외로움의 가장 좋은 치료제이다. 우리는 더 이상 우리 자신으로부터 도망갈 수 없다. 그리고 하나님의 도우심으로 우리가 마침내 우리 자신과 마주할 때 기쁨이 흘러 넘친다.

글쓰기Journaling. 이것은 우리의 기도와 생각을 종이 위에 쓰는 것이다. 이것은 메모 이상이지만 그렇다고 에세이 정도는 아니다. 글쓰기는 우리가 하나님에 대해 묵상하고, 하나님이 우리에게 말씀하시는 것들을 듣고 분별하도록 도와준다.

고백. 만약 우리가 우리자신은 비록 엉망이지만 하나님이 우리를 사랑하신다는 것을 깨닫는다면 우리는 우리 죄를 인정하고 회개할 수 있다. 만약 우리가 건강한 그리스도인으로서 우리 자신의 삶을 살펴보지 않는다면, 우리는 어떤 것이 정말 우리의 잘못일 때에도 다른 사람을 비난하려고 할 것이다. 우리가 절실히 필요로 하는 죄로부터의 자유를 우리자신에게서 멀찍이 떨어뜨려 놓는 변명들을 계속해서 만들어 낼 것이다. 그래서 우리는 우리의 삶을 살펴야 하고 때때로 다른 사람들의 도움을 받아 모든 것을 분별해야 한다. 엉망이 된 것 중에서 우리가 기여한 부분을 고백해야 한다. 우리는 성령의 도우심으로 우리의 행동을 변화시키며 이 모든 것을 통해 하나님의 사랑을 느끼게 된다.

용서. 고백의 다른 측면은 용서이다. 다른 사람들이 우리에게 상처를 입혔다면 이제 우리는 상처의 고통뿐 아니라 우리에게 상처 입힌 자들에 대해 느끼는 고통에까지 묶이게 된다. 그래서 자유와 치유를 위한 작업을 진행할 때, 우리에게는 그들을 용서하거나 그들을 위해 슬퍼하는 과정이 반드시 있어야만 한다.

만약 우리에게 상처 준 사람이 그들의 잘못을 깨닫고 우리에게 그것을 고백한다면, 우리는 반드시 그들을 용서해야 한다. 주의 기도가 말하는 것처럼 하나님은 우리를 용서하셨고, 우리는 다른 사람들을 용서할 때 하나님의 용서를 경험할 수 있다. 예수가 가르치신 것처럼, 우리는 "일흔 번에 일곱 번"이라도 용서해야 한다. 마 18:21-34

잘못을 행한 사람이 고백을 원치 않거나 할 수 없는 처지에 있다면 우리는 반드시 그들을 위해 슬퍼해야for-grieve 한다. 그렇게 함으로써 우리는 아픔들을 하나님 앞에 풀어놓을 수 있으며 치유됨을 구하고 우리의 삶을 계속 살아갈 수 있게 된다. 이런 것은 오직 우리가 그 상대방과 화해를 하려는 가능한 시도들을 한 이후에

만 이루어질 수 있다. 이런 식으로, 우리는 용서와 화해에 있어 우리의 역할을 하게 되며 더 이상 분노의 감정에 노예로 묶여있을 필요가 없게 된다.

때로는 상처가 너무 깊어 상대가 용서를 구할 때 조차 용서하는데 수년이 걸리기도 한다. 그래도 괜찮다. 우리가 하나님의 도움 속에서 계속해서 그것을 다루고 있다면 말이다. 하나님은 그 길을 걷는 우리의 걸음걸음과 함께 하신다.

> 당신 삶에 습관으로 형성되어 있는 영적 훈련은 무엇입니까? 더 잘 하기 원하는 것은 어떤 것입니까?

믿음으로 살아가기

용서를 위한 몸부림: 나는 지난 20년간 상처와 용서라는 이 영역에서 셀 수 없이 많은 시련을 겪어왔다. 물리적으로는 곁에 있으면서도 항상 부재했던 그리고 지극히 학대적이었던 아버지 밑에서 자라면서 나는 너무도 어린 나이에 누군가가 죽기를 바랄 만큼 증오한다는 것이 어떤 느낌인지 알게 되었다. 나는 실제로 그를 죽일 작정을 하기에는 나 자신과 나머지 가족들을 너무나 사랑했기에 그 부분은 신에게 맡겨버렸다.

그리스도를 내 삶에 영접하고 그분과 함께 동행하는 법을 배워나가면서 나는 용서에 많은 강조점을 두는 기독교 신앙과 부딪힐 수밖에 없었다. 나는 아버지가 우리 가족에게 행했던 일들을 용서할 수도 없었고 우리가 그 때문에 겪어야 했던 수많은 일들을 잊을 수도 없었다. 더욱이 기나긴 고통의 시간을 안겨 주고 난 지금 그는 자신이 그 동안 자행했던 수많은 잘못된 일들을 전혀 인정하지 않고 있다. 지금까지 나는 그가 "미안하다" "내가 잘못했다" 라고 말하는 것을 한 번도 들어본 적이 없다. 그리고 가까스로 내가 그에 대해 동정과 사랑의 마음 그리고 안타까움을 갖게 될 때면 그는 다시 우리 가족에게 고통을 주는 행동을 하고 그러면 이전의 악순환은 다시 반복되곤 한다.

나는 지금까지 과연 용서란 무엇인가 하는 생각과 씨름해왔다. 그가 회개하고 뉘우치지 않는데 내가 어떻게 그를 용서할 수 있지? 나는 이러한 생각마저도 모두 하나님께 내려놓으려 애를 쓰고 있다. 말이 쉽지 정말 너무나 어렵다. 하지만, 나는 지금 최소한 이전보다는 더 나은 자리에 있다고 믿는다…

훈련들을 실천하기. 우리는 앞에서 여러 가지 영적 훈련 중에서 가장 보편적인 것들을 살펴보았다. 그러나 영적 지도나 중보기도, 환대, 순종과 같은 다른 훈련들도 있다. 기도나 성경읽기, 용서와 같은 것들은 매우 근본적인 훈련이라고 할 수 있다. 글쓰기 등 그 외의 것들은 좀더 우리의 개성과 선택에 달린 것이다. 우리가 어떤 것을 선택하든 세가지 부분에서 균형을 유지할 수 있다면 우리는 건강한 그리스도인의 삶을 살수 있을 것이다. 그 세가지는 바로 홀로 하나님과 함께 있는 것, 교회에서 다른 성도와 관계를 유지하는 것, 우리 자신을 넘는 세상 안에서 섬기는 것이다.

> 당신은 어떻게 그리스도인의 삶의 실천들을 그 자체로 목적이 되도록 하는 대신 하나님과의 관계를 성숙하게 하는 방법으로 사용하고 계십니까?

우리가 선택한 영적 훈련들은 서로 조금씩 다를 것이다. 그러나 우리 모두는 언제나 하나님이 우리를 변화시키도록 우리자신을 내어드리라는 부름을 받고 있다. 그리스도인이 된다는 것은 세상과 다르게 사는 것이며 하나님이 우리의 가치를 형성하시도록 하는 것이다. 우리의 구원은 무엇이 옳고 그른지에 대한 감각인 우리의 도덕적 기준에 영향을 미친다. 우리는 가족을 존경과 사랑으로 대한다. 우리는 성적순결에 대한 성경의 높은 기준을 따른다. 우리는 시험에서 훔쳐보지 않는다. 우리는 거짓을 퍼트리지 않고 루머를 말하고 다니지 않는다. 우리는 학교에서 인기 없는 학생과도 친구가 되고 그들을 돌본다. 왜 그런가? 왜냐하면 우리는 하나님의 백성이기 때문이다. 왜냐하면 우리는 그리스도 안에 있기 때문이다. 왜냐하면 우리의 정체성이 통째로 바뀌었기 때문이다. 우리는 다른 사람들이다. 그리고 그것은 겉으로 드러날 수밖에 없다.

다른 사람들을 예수께로 이끄는 말과 행함.
우리가 세상과 다르게 살 때 주변 사람들은 그 차이를 알게 된다. 사람들이 우리의 이야기를 듣는다면 우리가 어떻게 그 이야기 속으로 들어갔는지 매우 궁금해 할 것이다. 사람들이 우리가 어떻게 예수처럼 변화되는지 보게 될 때고전2:16, 사람들은 이 변화를 동일하게 원할 것이다. 사람들이 우리가 어떻게 기도 속에서 하나님을 경험하는지 듣고 어떻게 원수를 사랑하는지 본다면, 그들은 "나도 끼워

미셸: 하나님의 사랑에 대해 우리가 하는 말들이 사람들에게 전달될 수 있게 하기 위해 우리는 우리의 문화와 충분히 교류하고 있는 걸까요?

루크: 우리는 사람들이 있는 곳에 가서 그들을 만날 필요가 있다고 생각합니다.

조쉬: 우리는 우리도 전체문화의 작은 한 요소라는 걸 인정할 필요가 있어요

마이크: 그래서 누군가 예수가 필요할 때, 그와 친구가 되기 위해 술을 마시는 파티에 가겠어요?

조쉬: 필요하다면 갈 수도 있죠. 하지만, 당신이라면 그들과 함께 술을 마시겠어요?

마이크: 아니요… 어디서 선을 그어야 할까요?

조쉬: 당신 자신의 도덕기준과 신념을 타협하기 시작하는 그 곳에서 선을 그어야 해요.

마이크: 하지만, 음주 만큼 나쁜 것들은 그 외에도 많아요. 세금을 정직하게 내지 않는 것이나 폭식을 하는 것이나…

마이크: 과하게 일을 하는 것. 이건 하나님을 신뢰하지 못하는 거지요. 굶어 죽는 사람들이 있는데 좋은 것들을 가지려고 하는 건 어떤가요?

조쉬: 음…. 다시 혼합주의에 대한 이야기로 돌아가는군요. 아마도 우린 너무 많은 걸 소비하고 있어는 것 같아요. 왜냐하면… 그게 꼭 특별히 이교라고 할 수는 없다고 하더라도… 우리는 우리가 필요한 물질의 가치를 사들이는 것이거든요. 하지만, 성경에서는 이와는 다른 것을 말하고 있죠.

루크: 네, 하나님을 경배한다는 것은 그와는 다른 무언가를 의미한다고 생각합니다.

주세요"라고 말할 것이다. 그것이 베드로가 모든 그리스도인은 누구든 사람들이 우리가 가진 소망에 대해 물을 때 답할 말을 준비해야 한다고 쓴 이유다. 벧전3:15

하나님의 백성은 구약시대로부터 오늘날까지, 하나님의 "좋은 소식을" 모든 민족에게 전하도록 부름 받았다. 마28:19-20 이것이 예수의 좋은 소식을 나누고, 다른 사람이 예수와 관계를 시작할 수 있도록 초대하는 "복음전도"이다. 우리는 좋은 소식을 다른 사람과 나눈다. 왜냐하면 우리 자신이 그것을 경험했고, 다른 사람에게 그것을 권할 수 있기 때문이다. 그런 일이 일어날 때, 우리는 이 이야기의 뒷부분을 미리 보게 되는 것이다. 아브라함과 사라는 자신들이 세상의 모든 사람에게 축복이 될 것이라는 말씀을 들었다. 오늘날 하나님은 바로 우리가 다른 사람들을 향한 축복의 통로가 되기 원하신다.

> **윤리**
> 행동의 옳고 그름의 측면에 대한 인간 행동의 원칙. 그리고 동기와 목적의 좋고 나쁨.

> 당신이 발견한 혹은 사용하고 있는 영적 은사는 무엇입니까? 하나님의 나라를 위해 하나님이 당신에게 사용하라고 하시는 은사를 발견하기 위해 당신은 무엇을 하고 계십니까?

당신의 영적 은사들을 발견하기

예수께 예라고 말하는 모든 사람은 미션을 가지고 있다. 모든 새로운 신자는 아브라함, 리디아, 그리고 바나바 같이 어깨를 톡톡 치는 초자연적인 부르심과 함께 "네가 할 일이 있다!" 라고 말하는 목소리를 듣게 된다. 사도 바울은 교회가 한 몸이며 그 안의 모든 신체가 자신만의 독특한 역할을 가지고 있다고 썼다.고전12:12-26 바울은 이런 일들을 "은사"라고 부른다. 은사는 성령으로부터 오는 능력들로서 하나님의 백성을 세우도록 돕고, 세상에서 하나님의 사역을 완성하도록 사용된다.

고린도전서 12장, 에베소서 4장, 로마서 12장에서 바울은 교회의 일에 대해 이야기하면서 여러 가지 은사들을 나열한다. 그 목록은 다음과 같다: 사도, 선지자, 복음전도자, 목사, 또는 교사로서 섬김; 동정; 권면; 나눔, 지도력; 방언; 방언 통역; 신유; 이적 사역; 믿음; 그리고 영들을 분별함롬12:5-8; 고전12:8-11; 엡4:11-16. 이것들은 모든 사람이 연합과 성숙과 "그리스도의 장성한 분량엡4:13"에 이르며 교회를 세우도록 돕는다.

영적 은사들은 몇몇 주의점들을 가지고 있다. 먼저, 당신의 은사는 당신 자신을 위한 것이 아니다. 이것은 교회를 위한 것이고엡4:12 우리의 세상에 하나님의 이야기가 계속되도록 하기 위한 것이다. 두 번째, 교회에는 다양한 은사들이 있다. 그러나 그것들은 똑같이 중요하다. 바울이 고린도 교회를 인간의 몸에 비유할 때,

---

마이크: 하나님께 헌신하기로 하자마자 오히려 유혹과 시험이 더 찾아오지 않았나요? 아마도 그분께 헌신하는 것이 즐겁고 신나는 일만은 아닌가 봐요.

루크: 그러면 왜 헌신하지요? 아무 유익도 없다면 왜 하나님과의 관계 속에서 삽니까?

로젤라: 여기 유익함이 있지요. 우리의 죄가 용서된 것, 영원히 천국에서 살게 될 것

루크: 네. 제가 이것들에 대해 너무 감사가 없었던 것 같네요. 하지만, 때때로 하나님이 꼭 맛있는 걸 많이 가지고 있는 사탕가게 아저씨 같다는 생각이 들어요. 잘만 기도하면 하나님은 내가 원하는 걸 주셔야 되고⋯ 뭐 이런 거요. 하지만, 전 이것만으론 부족하단

생각이 듭니다.

로젤라: 아, 그것들 말고도 또 있네요. 바로 하나님의 사랑, 성령의 인도하심, 평안⋯.

마이크: 하지만, 저한테는 그런 것들이 없다면요⋯?

로젤라: 그런 것들을 느끼지 못한다고 해서 가지고 있지 않은 것은 아니에요.

타라: 느끼지 못하는데 그것들을 가지고 있다는 걸 어떻게 알까요? 아마도 그게 믿음인가 보네요.

미셸: 예수를 따른다는 것은 당신이 할 수 있는 일 중 가장 힘들고도 동시에 가장 큰 기쁨을 줄 수 있는 일이에요!

그는 다양성이 좋다고 강조했다. 모든 사람이 눈이 될 수 있는 것은 아니다. 그리고 교회는 모든 은사가 필요하며, 한 몸으로서 모든 부분이 필요하다. 코 없이 우리가 무엇을 하겠는가?

세 번째, 사랑 안에서 은사들이 행해지지 않는다면 그것들은 쓸모가 없다.고전13장 바울은 자신의 은사 때문에 자기가 영적 거인이라고 생각하는 일부 교회 성도들을 직면해 그들의 잘못을 고쳐주어야 했다. 아이러니하게, 그들이 더 교만하면 교만할수록 그들이 얼마나 영적으로 미숙한지를 더 잘 보여주는 것이다.

네 번째, 우리는 우리의 은사들을 사용하는데 너무 주저할 수 있다. 어떤 그리스도인들은 자신이 얼마나 어린지, 얼마나 교육이나 경험이 부족한지를 보게 된다. 그리고 그들은 "오! 나는 그것을 할 수 없어"라고 생각한다. 그러나 하나님은 은사를 나이와 교육에 따라 주시는 것이 아니다. 하나님은 하나님을 섬기기 원하고 그렇게 자신을 드리는 사람을 원하신다. 리차드 포스터가 『영적 훈련과 성장』에서 말한 것처럼, 훈련들을 실천하고 우리의 은사를 사용하기 위한 가장 주요한 요구사항은 하나님을 갈망하는 마음이다.

어린 나이에 예수의 어머니가 되도록 요청된 마리아와 같이 우리는 각자 소명이 있다. 바울의 젊은 동역자 디모데같이, 우리는 각자 봉사하도록 부름을 받았고, 눈먼 자를 보게 하시는 분께서 우리 안에서 우리를 통해 일하심을 안다. 하나님은 예수께 '예'라고 대답하는 사람들을 통해 때론 기적적으로 때론 평범한 방법으로 일하실 수 있는 분이며 또한 그렇게 하신다.

우리는 하나님이 정말 우리를 사용하기 원하신다고 믿기 어려울 수 있다. 그러나 하나님은 그러길 원하신다. 우리는 이것을 성경이야기를 통해 알 수 있다. 성경은 영적 훈련을 통해서든 은사들을 통해서든 우리가 하나님을 더 잘 경험할 수 있도록 하나님이 우리와 상호작용하기 원하신다는 것을 말해주고 있다. 어떤 면에서, 이것은 이중고와 같은 것이다. 매일 매시간 우리는 하나님을 바라고 기대하고 듣고 살펴보아야 한다. 동시에 우리는 아무것도 느낄 수 없고, 하나님이 주위에 계신지 어떤지에 대한 어떠한 증거도 없는 듯 보일 때에라도 하나님을 믿는다.

이것이 나무에 물을 주는 것이다. 당신은 나무가 자라는 것을 볼 수는 없다. 매일 매일 그저 똑 같은 잔가지처럼 보인다. 그러나 계속 물을 주다 보면 어느 날 나무가 큰 떡갈나무가 되어가고 있다는 것을 깨닫게 된다. 어떻게 이런 일이 생겼을까? 당신이 매일 물을 준 것이 나무를 자라게 만든 것은 아니다. 하나님이 그렇게 하신 것이다. 하지만, 나무에 물을 줌으로써, 당신은 나무가 자랄 수 있도록 환경을 조성해 주었다. 우리가 영적 훈련들을 실천할 때, 그리고 우리의 은사들을 잘 사용할 때 우리의 믿음은 성장한다. 우리는 변화된다. 우리는 새롭고 놀라운 방법들을 통해 하나님을 경험하게 된다.

> 199쪽 제자도에 관한 신앙고백 요약 17항을 보라.

이 장의 요약

- **그리스도인으로서, 우리는 영적 훈련들을 실천한다.** 우리가 왜 이 훈련을 하는지 설명할 수 있는 여러가지 방법들이 있다. 그러나 이렇게 말할 수 있다: 우리는 예수 그리스도를 따르는 자들이다. 생명을 주는 습관을 실천할 때 예수와의 관계는 더욱 깊어지고 성숙해진다. 우리는 나무에 물을 주고, 나무는 건강하고 강하게 자란다.

- **우리의 구원은 우리의 행동에 영향을 준다.** 우리는 매일을 이런저런 방법으로 예수 때문에 다르게 살아간다. 우리가 살아가는 방법은 우리는 우리가 누구인지 그리스도안에서 누가 되어가는지를 보여준다.

- **우리는 다른 사람들에게 하나님을 나타낸다.** 하나님은 다른 사람들에게 하나님이 세상을 사랑하시고, 치유와 소망을 제공하신다

는 좋은 소식을 알리기 위해 말이나 행동에 있어 그리스도인들에게 의존하신다.

- **우리에게는 삶으로 우리의 독특한 사명을 살아내는 데 필요한 영적 은사들이 있다.** 성령은 우리에게 영적 은사를 주신다. 우리는 그것을 사용하여 하나님의 왕국 건설을 돕는다. 지역교회에서 빈번하게 다른 그리스도인들은 우리의 은사가 무엇인지 분별하도록 우리를 돕는다.

- **이야기는 계속된다.** 이야기는 초대교회에서 끝나지 않았다. 하나님은 여전히 사람들이 자신의 삶의 여러 상황 속에서 하나님의 백성 안으로 이끌려 오기를 원하신다. 이런 일이 오랜 시간에 걸쳐 어떻게 이뤄졌으며 어떻게 메노나이트가 이 이야기 속에 들어오는지가 우리가 논의할 다음 주제이다.

> 당신의 믿음에 관한 이야기를 친구들, 특히 그 중에서도 비그리스도인과 나누는 것에 대해 어떻게 느끼십니까?

영성 훈련을 위한 과제

영적 훈련들 중 가장 기초적이고도 가장 필요한 것 중 하나가 바로 침묵 훈련이다.

종이와 펜을 준비해 놓고 한 시간 동안 그저 당신 자신이 되는 시간을 가져보라. 휴대폰이나 모든 전자장치의 전원을 꺼라. 날씨가 허락된다면 이 한 시간을 야외에서 보내는 것도 좋다. 당신 마음에 떠오르는 것을 무엇이든 종이에 적어보라. 아무것도 떠오르지 않는다면 그저 나머지 침묵의 시간을 즐기면 된다. 당신 자신 스스로에게 아무런 기대와 부담도 주지 않는 은혜의 시간을 허락하라. 그저 하나님과 함께 이 시간을 낭비해보라.

9장의 주제들
- 세기를 어어온 교회
- 아나뱁티스트
  - 오늘의 메노나이트
- 아나뱁티스트와 다른 그리스도인들의 차이
- 이야기의 마지막
- 이야기는 우리의 삶을 통해 계속된다.

주요 이야기
세기를 이어온 교회

새하늘과 새땅(계시록)

9장 나머지 이야기

하나님이 우리의 삶을 통해 역사하시고 우리의 삶이 이 세상에 펼치시는 하나님의 거룩한 사역의 일부라고 생각하는 것은 매일을 사는 우리에겐 쉽지만은 않은 일이다. 그리스도인들은 매우 큰 어떤 것에 속해있다. 그리고 그 어떤 것은 바로 교회이다. 그것은 메노나이트나, 루터파 혹은 천주교 같은 어떤 교파를 초월하는 것이다. 하나님의 이야기에 예라고 답하고 그 이야기 안에서 살고 있는 모든 사람은 교회의 일부이다. 그들은 역사 속에 있었고 지금도 전 세계에 살고 있는 모든 하나님의 백성을 포함한다. 그리고 그 이야기는 오늘도 계속해서 펼쳐지고 있다.

> **때때로 내가** 나 자신보다 훨씬 크고 위대한 어떤 것의 한 부분이라는 것을 기억하기란 쉽지가 않다. 나는 하나님의 백성, 그 나라에 속해있다. —타라

교회의 역사에서 신실한 그리스도인들은 매 시대마다 하나님의 이야기가 진행되도록 참여해왔다. 예수의 부활 이후 이백 년, 그리스도인들은 그들의 믿음 때문에 로마에서 글래디에이터와 마주해야 했다. 예수의 부활 후 천 년경엔 기도와 가난한 자를 돕는 삶에 헌신하기 위해 자신의 모든 것을 포기하였다. 부활 천오백 년 후, 그들은 예수와 그 말씀을 따르는 헌신으로 인해 목숨을 잃었다. 오늘날 기독교 신앙은 심지어 그 문화가 기독교에 적대적인 곳에서도 계속해서 사람들을 매혹시키고 있다.

이야기는 2000년 이상을 계속 이어져 왔지만 같은 이슈

들이 반복적으로 믿음의 핵심에 놓여져 왔다. 예수를 따른다는 것은 무엇을 의미하는가? 누가 우리 삶의 진정한 주인인가? 여전히 세상의 일부로 살아가면서도 하나님의 왕국의 시민이 된다는 것은 어떤 의미인가? 교회가 세상의 정부와 어떤 관계를 가질 것인가?

이런 질문들에 대한 대답은 늘 쉽지 않았다. 그러나 지금까지의 교회 역사는 우리가 그것들을 다룰 수 있도록 도움을 주고 있다. 우리는 각기 다른 시대와 다른 나라에서 존재해 온 그리스도인의 삶을 지켜볼 수 있다. 이것은 우리가 그들이 행한 것을 그대로 따라 해야 한다는 것이 아니라 우리 삶에서 하나님의 이야기를 지속하기 위해 그들로부터 교훈을 얻어야 함을 의미한다. 성령의 도우심 속에서 우리는 하나님의 이야기를 살아낼 용기를 얻는다. 예수시대 이후로 하나님의 이야기가 어떻게 그 생명을 이어왔는지 살펴보도록 하자

간략한 기독교 이천년사

처음 300년. 그리스도 이후 4세기까지 그리스도인들은 서로의 집에서 모임을 가졌다. 그들은 자신의 소유를 자유롭게 나누었고, 그들 가운데 있는 가난한 자들을 돌보았다. 그들은 그들이 누구건 어디에서 왔건 모든 사람을 환대했다. 그들은 비폭력자였고, 자신들의 원수를 함부로 대하지 않았으며, 로마 군인으로 싸우기를 거부했다.

마이크: 그럼 초대교회는 완벽했다는 얘긴가…?

미셸: 아니요. 하지만, 초대교회는 광야시대에 하나님이 원하셨던 샬롬을 보여주었지요. 초대교회가 그렇게 할 수 있었던 것은 예수의 본을 보이심과 성령 때문이었다고 생각해요.

루크: 그럼 우리는 왜 그렇게 살지 않는 걸까요?

조쉬: 어떤 그리스도인들은 그렇게 살기도 하죠….

이 시대 동안 그리스도인 지도자들과 학자들은 하나님과 예수에 대한 자신들의 이해를 기록하기 시작했는데, 이는 기독교 신앙을 타락시키는 교사와 철학자에 대항하여 올바른 안내를 하기 위한 것이었다. 그들은 어떤 문서들이 우리가 가진 성경 속에 포함되기에 충분한 권위를 가지고 있는지를 결정하는 데 있어 중요한 기초를 놓았다. 그것은 복음서, 서신, 그리고 그 밖의 문서들에 관한 것이었다.

그러나 이 처음 삼 백 년은 교회에게 매우 어려운 시기였다. 그리스도인들은 시저가 아니라 예수를 그들의 주님으로 불렀기 때문에 핍박을 받아야 했다. 종종 그리스도인들은 사자에게 던져졌고 십자가에 못 박혔으며, 로마를 향해 나있는 길을 따라 세워져 있는 나무기둥에 달려 불살라졌다. 핍박은 오히려 기독교 운동이 로마제국 내 다른 알려진 지역으로 흩어질 수 있는 계기를 주었다. 그리고 핍박은 신자들의 믿음을 더욱 강하게 하였다. 2세기 말엽까지, 교회는 새로운 신자들에게 침례를 주기 위해 오랜 사전 교육 기간종종 3년이 걸렸다을 제공하였다. 이유는 그들이 핍박을 견딜 준비가 되어있는지 알기 위해서였다. 큰 반대에도 불구하고, 교회는 수적으로 성장했다. 초대 교회 지도자인 터툴리안은 '순교자의 피가 바로 교회의 씨앗이다' 라고 말했다.

콘스탄틴. 이 모든 환경은 313년 콘스탄틴 황제로 인해 변화되었다. 그는 전투 중 하늘에서 빛나는

> 오늘날 일어나고 있는 핍박에 대해 찾아보라. 하나님을 따르기 때문에 극심한 어려움을 겪는 사람들에 대해 배우기 위해 인터넷 조사를 해보라.

그리스도인들을 위하여…

자신들만의 지역에서 살거나 구별되는 언어를 사용하거나, 어떤 특별한 삶의 방식을 가지고 살지 말아라. 하지만, 비록 그들이 옷과 음식 그리고 나머지 생활방식에 있어 그 지역의 관습을 따른다 하더라도 … 그들이 보여주는 그들만의 삶의 방식은 놀랍고 낯설다. … 그들은 시민들처럼 모든 것에 참여하고 외인들처럼 모든 것을 견딘다. 다른 모든 사람처럼 그들도 결혼하고 아이들을 낳는다. 그러나 침실을 공유하진 않는다.… 그들은 이 땅에서 살아가지만 하늘의 시민이다.

−150~180C.E 사이, 한 그리스도인의 서신에서

타라: 사실, 콘스탄틴의 결정은 그리 새로운 것도 아니에요. 구약의 이스라엘 사람들도 군주제를 세울 때 똑같은 실수를 저질렀죠. 그들이 하나님을 예배하는 것과 국가의 시민이 되는 것을 결합했을 때 그들은 하나님을 상자 안에 집어넣고 있었던 거죠.

루크: 예수도 같은 종류의 유혹을 직면해야 했습니다. 그렇지 않나요? 위대한 정치 지도자가 되어라, 국가의 공적인 힘을 이용하라, 그러면 아무도 당신을 죽이지 못할 것이다!

십자가의 환상을 보았고 "이 신(神)호 안에서 정복하여라"라는 음성을 들었다. 그는 자신이 이 전투에서 승리하면 그리스도인이 되겠다고 하나님께 말했다. 그리고 그는 승리했고 곧 그리스도인에 대한 처우가 급격히 변화되었다. 밀란 칙령에 의해, 황제는 모든 종교에 대한 관용책을 발효시켰다. 이것은 이후 데오도시우스 황제가 기독교만이 유일한 종교라고 선포하는데까지 이르는 짧은 징검다리일 뿐이었다.

처음에는 이런 조치가 좋은 소식처럼 들렸다. 더 이상 사자 밥이 될 필요가 없었다. 그러나 국가 권력으로 기독교 사회를 만들려는 콘스탄틴의 생각은 거의 교회를 죽이는 일이었다. 이제 사람들은 그리스도인이 되도록 강요되거나, 그들의 국적 때문에 자동적으로 그리스도인이라 여겨졌다. 교회가 "공식화"됨에 따라 많은 그리스도인들은 그리스도인이 된다는 것이 죄로부터 해방된 변화된 삶을 사는 것을 의미한다는 것 조차 알지 못하게 되었다. 순종의 사랑 속에서 예수를 따르기로 선택한다는 것은 그들의 머리 속에는

성서를 필사하는 수도사들

아예 존재하지 않는 생각이었다.

그 이후 수세기 동안을 우리는 중세라고 부른다. 로마제국은 무너졌으나, 교회는 거대한 권력을 유지했다. 1054년, 하나의 교회가 두 개가 되었다. 로마 교회천주교와 동방교회정교회는 자신들이 진짜 교회라고 주장했다. 로마 캐톨릭 교회의 수장인 교황은 종종 황제들이나 왕들보다 국가에 더 큰 영향력을 행사했다. 교회는 더 많은 땅을 차지하고 부유하게 되었다. 부자들은 교회에 기부함으로써 죄의 사면을 살 수 있다고 생각했다.

병사들은 십자군 원정이라는 이름으로 중동에 갔는데, 무슬림인 터키인들로부터 거룩한 땅을 되찾기 위해서였다. 일부는 좋은 의도로 갔지만, 많은 다른 사람들은 부를 얻고 모험을 하기 위해 참여했다. 그리스도의 이름으로 수많은 무고한 무슬림, 유대인, 동방 그리스도인들이 약탈되고 살해되었으며 칼 앞에서 어쩔 수 없이 종교를 바꾸게 되었다.

그러나 중세의 모든 일이 나빴던 것은 아니다. 수도승과 수녀들은 공동체에서 함께 살며 예수의 가르침을 펼쳐나가길 원했다. 그들은 결혼하지 않고 자발적으로 가난을 택했다. 그들은 자신을 기도와 봉사에 헌신했으며 가난한 자들을 먹이고 아픈 이들을 돌보았다. 그들은 또한 고대 사본에서 성경을 필사하기고 했다. 많은 방법으로 그들은 교회를 초대의 모습으로 되돌리려 노력하였다.

인쇄 공정

종교개혁. 1500년대쯤, 놀라운 혁명이 서유럽에서 형성되었다. 타 지역을 다녀온 탐험가들이 새로운 생각들을 가져왔다. 사람들은 고대의 글들을 다시 발견했으며, 그것들은 그들

마르틴 루터

울리히 쯔빙글리

에게 전통 종교 사상에 대한 많은 질문을 던지게 했다. 존 후스와 존 위클리프 같은 그리스도인 개혁가들은 일반 사람들에게 스스로 성경을 연구할 것을 요청하였다. 요한 쿠텐베르그는 인쇄기를 발명했고, 이 기술은 사람들이 성경을 비롯한 책들을 적절한 가격에 구입할 수 있도록 해주었다. 이러한 변화들은 사람들이 배우고 믿는 바에 대한 교회나 국가의 통제를 점점 어렵게 만들었다.

이 무렵 마틴 루터라는 이름의 독일수도사 또한 다른 많은 이들처럼 교회의 상황에 대해 불편한 마음을 가지고 있었다. 역사상 가장 부유한 로마 교회에 의해 영적인 은혜가 판매되는 것에 특히 더 그러했다. 1517년 루터는 국가 교회에 대한 신랄한 비판의 글을 썼고 이를 비텐베르그의 교회 문에 걸었다. 결국, 그 자신이 독일어로 번역한 성경을 가지고 논쟁하면서, 루터는 사람들이 하나님을 기쁘게 하려는 그들의 노력이나 교회가 제공하는 의식에 의해서가 아닌 오직 믿음을 통해 하나님과 올바른 관계를 갖게 된다고 설교하였다. 이런 "항의protest"로 인해 루터가 시작한 이 운동은 프로테스탄트 개혁이라 불리었고 프로테스탄트라는 명칭은 오늘까지도 여전히 가톨릭이 아닌 나머지 교단들에 적용되고 있다.

로마 교회의 계급 체제는 루터를 극심히 억압했으나 루터의 가르침에 동의하는 몇몇 강력한 봉건제후들이 그를 보호해 주었다. 루터의 개혁은 독일에서 번성하였고 곧 유럽의 다른 지역으로 퍼져갔다. 루터는 개혁된 교회가 이전의 로마 가톨릭 교회의 자리에 앉도록 즉,

새로운 국가 교회가 되도록 이 운동에 정치적 파워를 가하기 위해 노력하였다. 아이러니하게도 이 개혁가들은 자신들이 종교적 자유를 획득한 후에는 다른 사람들의 자유를 부정하였다.

스위스 쮜리히의 울리히 쯔빙글리는 이런 개혁가중 한 명이었는데 그는 그 시대의 다른 사람들보다 더 개혁적이어서 감히 교회가 국가로부터 어느 정도 자유로울 수 있지 않을까하는 생각을 가지고 있었다. 그는 심지어 전통적 행습인 유아세례에 대해서도 의문을 제기했다. 그러나 쮜리히의 정부 권력은 쯔빙글리에게 압력을 넣어 그의 개혁이 너무 앞서 나가지 않도록 했다. 분명히 유아세례는 세금을 목적으로 하는 인구집계에 가장 좋은 방법이었다. 쯔빙글리는 곧 잠잠해 졌고 교회와 국가의 끈은 강하게 유지되었다.

콘라드 그레벨

아나뱁티스트. 쯔빙글리의 추종자 중 몇 명이 가만있지 않았다. 콘라드 그레벨, 펠릭스 만쯔, 그리고 조지 블라우락은 그들이 성경으로부터 분명하게 이해한 것을 타협하려고 하지 않았다. 그들은 진정한 교회를 경험하는 유일한 방법은 태어나면 저절로 기독교인이 됨으로써가 아니라 자신이 원해서 하나님의 백성에 참여함으로써 가능한 것이라고 확신했다. 국가의 시민권에 기초하는 교회 회원권은 진정한 기독교와 전혀 상관이 없다는 것을 그들은 알았다. 그레벨과 그 외 뜻을 같이 하는 사람들은 정부 관료들과 이에 대해 열정적으로 논쟁을 벌였으며 자녀들에게 유아세례 주는 것을 거부하였다.

펠릭스 만쯔

조지 블라우락

1525년 1월 모임에서 그레벨은 블라우락에게 침례를 주었고, 블라우락은 반대로 그레벨에게 침례를 베풀었으며 그 자리에 몇몇의 사람들이 함께 했다. 이 간단한 행위를 통해 그들은 그들의 정부와 국가 교회를 거역하고 콘스탄틴 이전의 자유 교회로 돌아갔다. 이들 "스위스 형제들"과 그들을 따르는 비슷한 믿음을 가진 수천의 사람들은 대안적 교회로서 비공식적 만남을 갖기 시작했고 이들은 다른 사람들도 인격적으로 예수께 헌신할 수 있도록 초청하기 위해 어디든 마다하지 않고 찾아갔다.

이런 신자들은 그들의 행동에 대한 값비싼 대가를 지불했다. 사람들은 그들을 아나뱁티스트다시 침례를 주는 자들- 처음 구성원들은 유아세례를 받았기 때문에 붙여진 이름이라고 조롱했다. 카톨릭이든 프로테스탄트든 유럽의 정부들은 이 운동을 금지시켰고, 아나뱁티스트들이 집이나 숲에서 비밀리에 만날 수밖에 없도록 만들었다. 수 천명이 고문을 당하고, 칼에 찔리고 수장당하고 화형당하는 처벌을 받았다. 그러나 이렇게 피를 흘리는 핍박에도 불구하고, 아나뱁티스트 운동은 스위스와 독일, 네델란드와 동서 유럽의 여러 지역으로 산불처럼 퍼져나갔다.

비록 아나뱁티스트 중에는 여러 다른 그룹들이 있었지만 마이클 새틀러와 다른 지도자들은 그들이 다음과 같은 중요한 7가지 믿음에는 모두 동의할 수 있다고 결정했다. 그들은 이것을 슐라이다임 신앙고백Shleitheim Confession이라고 부른다. 이 고백의 주요 내용은 이렇다.

- 구원의 방법으로서의 유아세례 거부
- 자신의 헌신으로부터 벗어나거나 변화를 거부하는 회원을 출교함으로써 교회의 정결을 유지함. 마18:15-20; 이것은 사람들이 교회나 국가의 규칙을 범할 때 국가가 폭력적인 신체적 징벌을 사용하는 것과 반대되는 것이다
- 주님의 죽음을 기념하는 것으로서의 성만찬은 빵과 포도주가 실제로 그리스도의 몸과 피가 되는 의식이 아니다. 가톨릭 교회의 믿음과 다르다

- 세상적 가치들로부터의 구별
- 회중 목회자와 리더로서의 평신도
- 무기를 드는 것에 대한 거절과 무저항
- 맹세를 금지함

> 죽음을 감수할만한 어떤 신념들이 있습니까?

메노 사이먼스

메노 사이먼스. 아나뱁티스트 운동에서 가장 중요한 지도자중 한명은 네델란드의 메노 사이먼스라는 사람이었다. 메노는 카톨릭 사제였다. 수 년 동안 그는 국가 교회가 해온 일들에 많은 의심이 있었고 그것 때문에 고심해 왔다. 더더욱 그는 그의 동료인 교회 지도자들이 성경이 아닌 교회의 전통에 그들의 신앙의 기초를 두는 것을 우려했다.

그 당시 독일의 일부 아나뱁티스트들이 다소 끔찍한 생각을 받아들였는데, 그것은 그들의 운동을 확립하기 위해 폭력을 사용하기로 한 것이다. 1536년 이런 잘못된 움직임에 대해 듣게 된 메노는 이제는 자신이 국가 교회를 떠나 평화로운 아나뱁티스트에 참여해야 할 때임을 자각하였다. 그리스도의 삶을 통해 성경을 해석하는 중요성을 늘 강조하면서 메노는 아나뱁티스트들이 잘못된 가르침으로부터 진리를 구별하도록 도왔다. 결국 많은 아나밥티스트들은 "메노나이트"라는 이름으로 알려지게 되었다.

메노나이트- 오늘까지의 변천사

아나뱁티스트에 대한 극심한 핍박은 16세기를 거쳐 17세기까지 계속되었다. 결국 그들은 평화롭게 자신의 믿음을 실천할 수 있는 긴밀하게 묶여진 공동체 안에 정착하였다. 종

> **진정한 복음적 믿음**은 그대로 잠 잘 수 없습니다. 이 믿음은 벗은 자를 입히고 배고픈 자를 먹이고, 슬픈 사람을 위로합니다. 곤궁에 처한 사람에게 쉴 곳을 마련해 줍니다. 이 믿음은 믿음에 상처를 주는 사람들도 섬깁니다. 이 믿음은 상처를 싸매어 줍니다. 이 믿음은 모든 사람에게 모든 것이 됩니다.
>
> —메노사이먼스, 1539

종 그들이 군대나 무기지참을 거부했기 때문에 메노나이트들은 군대가 선택적인 국가나 지역으로 이민을 가야 했다. 그들은 유럽과 우크라이나, 그리고 북, 남미의 여러 지역으로 이민을 갔다. 때로 그들은 직접적인 박해나 그들의 믿음에 대한 위협 때문에 이민을 해야 했다.

북미는 메노나이트들에게 유럽의 박해와 군사주의의 부흥으로부터 벗어날 수 있는 피난처가 되었다. 윌리엄 펜의 초대로 34명의 메노나이트, 퀘이커 그룹이 독일로부터 도착했다. 그들은 1683년 두 주에 걸친 대서양횡단으로 북미에 도착했다. 그들은 펜실바니아 독일타운에 정착하여 미국 역사상 처음으로 미국에 존재하는 노예제도에 공식적으로 항의하기도 했다. 곧 수천의 다른 메노나이트들이 펜실바니아로 이주했는데 이들은 주로 스위스와 남독일에서 온 이들이었다. 그들은 이후에 오하이오와 인디애나, 그리고 더 서쪽으로 이주하였다. 북쪽 온타리오로 이주한 사람들도 있었다.

이주 초기부터 메노나이트들은 다른 그룹의 사람들 사이에서 살았다. 러시아의 메노나이트들이 자기 소유의 땅을 가지고 있었던데 반해 이들은 자신들의 땅이 없었다. 그래서 그들은 다른 믿음을 가진 사람들과 어떻게 관계를 가지면서 자신들의 믿음을 지켜나갈 수 있을지에 대해 생각해야만 했다. 또한 그중 많은 사람은 그들이 유럽에서 사용하던 언어를 유지하고 다른 옷을 입는 등 주변 문화로부터 고립된 채 살기로 결정했다. 미국에서 있었던 1776년 독립전쟁과 1861년 남북전쟁은 메노나이트에게 큰 시험의 시간이었으나 또한 그들의 신앙

앤켄헨드릭스 1571년 암스트레담에서 화형되다

을 강화하는 기회이기도 했다. 남북전쟁은 메노나이트가 무저항에 관한 그들의 가르침에 대해 다시 생각하도록 만들었다. 많은 사람이 군에 입대하지 않아 박해를 받았다. 박해를 피해 러시아로 갔던 메노나이트들은 또 다른 특별한 감동적인 이야기를 가지고 있다. 1780년대에 들어서 메노나이트들은 우크라이나로 이주했고 거기서 풍요로운 공동체colony를 이루었다. 러시아 정부는 그들에게 종교적 자유와 군 의무면제 등 많은 자유를 주었다. 그러나 백 년이 지나지 않아 이런 자유는 사라지기 시작했다. 1870년대 많은 메노나이트들은 이주를 시작해 서부캐나다와 미국의 평원에 정착했다. 1917년 볼세비키 혁명이 일어났을 때,

> **저의 증조 할아버지는** 군대에 가는 것과 오명이 씌워지고 겁쟁이로 취급되는 것 사이에서 선택하셔야 했습니다. 그는 정부가 자신에게 벌을 내릴 권리가 있다는 것을 이해하셨습니다. 그러나 그는 하나님이 자신을 돌보실 것을 신뢰하였습니다. 어느 날 오후, 몇몇의 남자들이 뜨거운 타르 몇 동이를 가지고 왔습니다. 그들이 증조부의 1미터 정도의 거리에 다가섰을 때, 그들은 멈추어 서서 소리를 지르며 자신들이 들고온 물동이를 내려놓고 달아났습니다. 그들이 무엇을 보았는지 혹은 그들이 왜 달려갔는지 아무도 모릅니다. 그러나 제 증조부께서는 하나님이 그날 자신을 보호해 주셨다고 믿었습니다. —미셸

1948년 유럽에서 파라과이로 이주하기 위해 S.S Volendam에 승선한 메노나이트 난민들

심지어 이 시대에도 많은 메노나이트들은 그들이 살고 있는 사회나 정부로부터 압박을 받고 있다. 1982년 MesereteKristos(그리스도 우리의 반석)로 알려진 에티오피아 메노나이트 교회는 막시스트 정부에 의해 불법화되었다. 그들은 9년 동안 심한 박해로 고통당하면서 지하로 들어가야 했다. 그러나 하나님은 이러한 박해와 은신의 시간을 축복하셨다. 1991년 다시 종교의 자유가 주어졌을 때 MesereteKristos는 자신들의 수가 50,000으로 10배나 증가했다는 것을 알게되었다.

러시아의 메노나이트 공동체들은 정말 큰 위험에 빠지게 되었다. 그들은 양쪽 군대와 그들의 부를 질시하는 사람들로부터 공격을 당했다. 기근이 닥쳤고, 수많은 메노나이트가 죽었다. 많은 사람들이 캐나다나 미국으로 피난을 갔지만 또 다른 많은 사람은 강제로 머물러야 하는 처지가 되었다. 일부는 시베리아로 보내졌고 거기서 강제노역과 추위, 배고픔을 견뎌야 했다. 2차 대전 동안 많은 러시아의 메노나이트들은 가까스로 유럽으로 피난을 가거나 북미와 남미의 여러 나라로 이주할 수 있었다.

메노나이트의 선교. 1800년대 후반 북미, 러시아, 네델란드 메노나이트들은 다시 외부로 향하기 시작했다. 다른 많은 그리스도인 그룹들처럼, 그들은 제자들에게 모든 족속으로 제자를 삼으라고 하신 예수의 마지막 명령을 완수하려는 새로운 부르심을 느꼈다.마28:19 선교사들이 인도네시아, 인도, 콩고, 중국, 아르헨티나, 콜롬비아,

---

미셸: 딜레마가 있는 듯 해요. 우리 역사를 돌아보면 선교에 헌신하고 선교의 임무를 잘 이행했던 때가 있었죠. 하지만, 또 다른 때에는 약간은 우리가 속한 공동체에 딱 붙어서 옴짝달싹 하지 않고 있는 것 같아요.

로젤라: 모든 교단마다 어느 정도 까지는 해 오고 있지 않나요…?

조쉬: 종종 우리는 "조용히 사는 사람들"이었죠. 밖에 있는 사람들에게 다가가기 보다는요….

루크: 누군가 박해를 받는다면 그가 사람들을 향해 다가간다는 것은 매우 힘든 일이지요.

타라: 하지만, 우리는 지금 박해 받고 있지 않은걸요?

에디오피아와 그 외 다른 많은 나라에서 교회를 시작했다. 그들은 그리스도의 좋은 소식을 나눌 뿐 아니라 또한 병원과 학교, 고아원, 경제개발 프로그램을 설립하는 등 사람들의 필요가 있는 곳에서 섬겼다. 북미의 메노나이트 교단은 메노나이트 중앙위원회Mennonite Central Committee, 메노나이트 재난 봉사단Mennonite Disaster Service, 메노나이트 경제개발연합Mennonite Economic Development Associates과 같은 기관들을 통해 구제와 개발사역을 함께 해 나가기 시작했다.

특별히 20세기 후반에 들어 메노나이트들은 또한 북미 도시에 교회를 개척하기 시작했는데 이 교회들은 다양한 국가적 배경을 가진 사람들을 모이게 했다. 오늘날에는 아프리카계 미국인과 히스패닉계 메노나이트 교회들을 비롯한 많은 다양한 언어를 사용하는 이민자들의 모임이 계속해서 부흥하고 있다. 프랑스어를 사용하는 퀘벡의 메노나이트는 규모는 작지만 매우 중요한 그룹이다. 많은 북미인들이 생각하는 메노나이트에 대한 고정관념 즉, 그들은 자신만을 고집하는 독일 출신들이라는 생각이 서서히 하지만, 지속적으로 깨어지고 있다.

1960년대쯤 메노나이트 교회의 세계적 연대가 실재화 되었다. 이 연대는 메노나이트 세계 컨퍼런스로 발전했다. 새로운 교회들은 자신들을 북미와 유럽의 자녀 교회하고 국한하지 않고 자신의 공동체를 넘어 많은 사람을 제자로 삼았으며, 특히

로젤라: 이게 여기 모여 앉은 우리 아나뱁티스트들의 이야기군요.

마이크: 하지만, 여기 있는 모든 사람의 선조들이 스위스나 러시아에서 온 건 아니잖아요

타라: 그게 요점이 아니죠. 신자의 침례를 믿으세요?

마이크: 네

타라: 그렇다면 당신도 아나뱁티스트가 맞아요

조쉬: 음 거기에 한 가지를 더 덧붙이고 싶군요. 예수를 따르는 삶을 살아야 해요.

루크: 하지만, 타라가 하려 했던 말은 이 이야기가 어떤 한 민족이나 한 나라에 관한 것이 아니라는 것입니다. 아나뱁티스트의 방식으로 예수를 따르기 원한다면 그것이 누구이든, 그 사람들에 관한 이야기라는 것이지요. 저는 아프리카계 미국인 입니다. 저는 혈통으로 따진다면 콘라드 그레벨과 아무런 상관이 없습니다. 하지만, 저는 다른 사람들만큼이나 저 자신을 메노나이트라고 생각하고 있습니다.

타라: 맞아요. 이건 어떻게 태어나느냐의 문제가 아니라 당신이 무엇을 선택하느냐의 문제이죠.

인도와 콩고, 인도네시아, 이디오피아에서 큰 성장을 이루었다. 2000년에는 전 세계적으로 60개 나라에서 백만 명의 멤버가 되었고 그 중 반 이상이 유럽과 북미 바깥의 멤버들이었다.

비록 더 신실해져야 할 부분이 있지만, 어떤 식으로든 메노나이트 교회가 하나님이 아브라함과 사라에게 하신 고대의 약속의 한 부분이 된다는 것은 놀라운 일이다. 그들을 통해 "모든 나라가 복을 받을 것이다…." 누가 과연 상상이나 했겠는가?

아나뱁티스트들이 다른 그리스도인들과 다른점은 무엇인가?

메노나이트를 포함한 오늘날의 아나뱁티스트들은 일반적으로 다른 그리스도인들이 수세기 동안 유지했던 핵심 믿음들을 공유한다. 사도신경은 이런 믿음에 대한 고대의 요약이다. 그러나 슐라이다임 고백 이후로 아나뱁티스트들은 다양한 방법

믿음으로 살아가기

도둑맞은 공구들: 기증받은 공구들을 우리 교회 커뮤니티 센터의 한쪽 벽에 걸면서 내 마음은 노래를 부르고 있었다. 망치 여섯 개, 톱 여섯 개… 재미있는 프로젝트를 진행하기 위해 필요한 공구들이 모두 여섯 쌍씩 준비되었다. 이제 이 공구들이 제자리를 찾았으니 형편이 어려운 가정의 아이들을 위한 목공수업에 이 공구들이 유용하게 쓰이고 또 쉽게 자기 자리로 돌아올 수 있을 것이다.

어느 날 아침 나는 센터에 들어서자 마자 멍하니 서있을 수밖에 없었다. 공구들로 반듯하게 정리되어있던 벽은 텅 비어 있었다. 소중한 공구들이 죄다 없어졌다! 나는 화가 치밀어 올랐다. 경찰에 신고를 하고 이 문제아들을 모두 감옥에 쳐 넣어야지! 지역사회를 위한 프로그램도 없애버리겠어, 그게 사람들이 원하는 거라면!

며칠 전 스텝모임에서 우리는 창조의 이야기를 함께 묵상했었다. 그때 우리는 사람들이 때때로 잘못된 선택을 한다 하더라도 모든 사람 안에는 하나님의 형상이 깃들어 있고 좋은 특질들이 있으며 아무도 이것을 빼앗아가지 못한다는 내용을 나누었다.

이 나눔에 대해 곰곰이 생각하고 있는데 한 가지 방법이 떠올랐다. 나는 지역신문에 광고를 내기로 했다. 우리 이웃들을 위해 공구들을 다시 갖다 놓아 달라는 광고를 내기로 한 것이다. 아무런 질문도 하지 않겠습니다!

이후 며칠 안에 거의 모든 공구들이 제자리로 돌아와 있었다. 아직 보호감찰 아래 있지만 더 이상 문제를 일으키지 않으려고 노력 중인 한 젊은이가 공구들을 가져간 아이들에게 자신들의 행동을 다시 한번 생각해보도록 설득한 것이었다.

-앨버타, 캘거리에서 Doreen and Hugo Neufeld

사도신경

전능하사 천지를 만드신 **하나님 아버지를 내가 믿사오며**,

그 외아들 우리 **주 예수 그리스도를 믿사오니**, 이는 성령으로 잉태하사 동정녀 마리아에게 나시고 본디오 빌라도에게 고난을 받으사 십자가에 못박혀 죽으시고 장사한 지 사흘 만에 죽은 자 가운데서 다시 살아 나시며, 하늘에 오르사, 전능하신 하나님 우편에 앉아 계시다가, 저리로서 산 자와 죽은 자를 심판하러 오시리라.

성령을 믿사오며, 거룩한 공회와, 성도가 서로 교통하는 것과, 죄를 사하여 주시는 것과, 몸이 다시 사는 것과 영원히 사는 것을 믿사옵나이다. 아멘

미셸: 아나뱁티스트라면 사도신경에 한 가지를 더하고 싶을 거예요. 바로 예수의 삶과 가르침이죠.

으로 자신의 구별된 신앙을 언급해 왔다. 현재 캐나다와 미국의 메노나이트 회원들이 참고하는 것은 "메노나이트 관점에서의 신앙고백"The Confession of Faith in a Mennonite Perspective이다. 다른 그리스도인과 아나뱁티스트들의 신앙에 있어 그 차이점을 요약해 보면 다음과 같다.

신자의 침례세례. 대부분의 기독교 교회는 아기들에게 세례를 주고 후에 입교 교육을 통해 자신의 신앙을 공개적으로 확인confirm한다. 아나뱁티스트들은 침례는 예수를 따르겠다는 개인적 결단 이후 행해져야 함을 성경이 가르친다고 믿는다. 아이들은 그런 결정을 할 수 없고, 그들이 할 수 있을 때까지 하나님의 돌봄 가운데 안전하다. 그들이 그들의 영적 삶에 대해 이해하고 선택할 수 있을 때 아이들은 우리가 말하는 "책임 연령"에 들어가게 된다. 신자들은 예수를 따르는 공개적 헌신을 하게 되고, 그것은 자신이 어떠한 삶을 살 것인지에 대한 증거가 된다. 이것이 왜 아나뱁티스트가 "가시적 교회"의 개념을 가치 있게 여기는지에 대한 이유이다.

예수는 그리스도인의 삶을 위한 기준이다. 많은 그리스도인들이 일련의 올바른 신앙과 일련의 의식rituals들을 중요하게 여긴다. 아나뱁티스트들은 예수를 따

르는 것이 우리 믿음의 핵심이라고 믿는다. 무엇을 하는 것이 옳은가에 대한 의심이 들 때, 우리는 예수가 무엇을 하셨고, 무엇을 가르치셨는지를 살펴 봄으로서 우리 삶의 기준을 찾는다. 예수가 우리에게 하라고 하신 것 중 일부는 따르기 불가능한 것처럼 보인다. 예를 들어 원수를 사랑하라는 명령 같은 것이다. 그러나 우리는 성령의 도움 속에서 예수가 가르치신 대로 살도록 부름 받았다고 믿는다.

우리의 믿음은 공적인 동시에 사적인 것이다. 일부 그리스도인들은 우리의 삶을 사적인 부분과 공적인 부분으로 나눌 수 있다고 믿는다. 사적 영역에서 그들은 예수를 따르지만 그들의 공적 삶에서 그들의 최고 책임은 정부나 그들의 일에 달려있다. 예를 들어 만약 국가가 그들에게 군인으로 전투에 임하라고 요청한다면 그들은 그렇게 할 것이다. 만약 그들이 원수까지도 사랑하라는 예수의 명령을 수용할지라도, 그것은 삶의 사적 영역에 제한된 것이다. 아나뱁티스트들은 공적이든 사적이든, 월요일이든 주일이든 동일한 윤리가 동일하게 적용된다고 믿는다.

교회는 하나님의 백성의 살아있는 공동체이다. 일부 기독교 전통에서 교회는 개인들이 하나님의 말씀을 듣고 예배하는 장소이며 종교적 전문가들로부터 교회의 의식을 받는 곳이다. 아나뱁티스트들은 모든 회원이 교회의 사역을 공유한다. 우리는 교회를 세우기 위해 우리의 영적 은사를 사용한다. 우리는 우리 스스로는

루크: 저는 또 하나의 역설을 깨닫습니다. 정말 성령의 일하심이 있는 교회가 되기 원한다면, 우리는 서로에게 책임 있는 존재로 살아가기 위해 서로서로를 충분히 돌보아야 합니다. 만약 우리가 하나님이 살라고 부르신 그 삶을 살고 있지 못하다면 그것에 대해 서로를 직면시키는 일마저도 감수하면서 말이죠. 하지만, 이러한 일은 오직 무슨 일이 있어도 서로에게 신실하겠다고 할 수 있을 만큼 서로를 사랑할 때만 가능합니다.

조쉬: 내 교회식구들이 나를 거절할 거라고 생각한다면, 저는 민감한 이야기를 할 수 없을 것 같아요.

타라: 아니면 마음 속에 있는 의심이나 질문들도요.

루크: 내 말이 그 말입니다. 하지만, 그 반대도 정말 맞는 말이지요. 서로를 사랑 안에서 비판하려면 우리는 서로를 충분히 돌보는 관계여야 합니다.

하나님의 소명을 온전히 들을 수도 없고 우리의 소명대로 온전히 살 능력도 없음을 알고 있다. 이것이 우리가 바로잡음과 지지를 위해 서로에게 복종하는 이유이다. 교회에서 우리는 사랑 안에서 서로에게 진리를 말할 수 있을 만큼 충분히 돌보며 우리의 잘못을 고백하고 용서를 구한다. 우리는 일이 내 맘대로 되지 않는다고 그냥 떠나지 않는다. 우리는 우리가 서로를 필요로 함을 알고 있다.

하나님은 평화와 정의의 사역으로 우리를 부르신다. 일부 그리스도인들은 어떤 상황에서 하나님이 목표를 이루기 위해 폭력을 사용하기 좋아하신다고 믿는다. 그러나 아나뱁티스트들은 이에 동의하지 않는다. 만약 예수의 삶과 가르침이 우리의 기준이라면, 그리고 만약 우리가 예수가 했던 것처럼 살아가도록 성령에 의해 능력을 덧입었다면 그때 우리의 삶이 비폭력적이고, 모든 사람의 샬롬을 위해 일하는 것임은 자연스러운 결과이다. 이것이 메노나이트가 전쟁을 반대하고 그 조건들을 제거하기 위한 사역을 펼치는 이유이다. 우리는 일부 그리스도인들이 생각하는 것처럼 하나님이 영적 구원에만 관심을 둔다고 믿지 않는다.

성경을 사용하는 데 필요한 몇 가지 팁

1. 구절들을 맥락에서 떼어내어 잘라 붙이지 말라. 각각의 구절을 전체 이야기의 조명 아래에서 읽어라
2. 예수의 이야기를 성경이 무엇을 말하고 있는지를 분별하는 기준으로 사용하라. 의문이 들 때는 "예수라면 어떻게 하셨을까?" 하고 질문하라.
3. 이미 분명하다고 판단되는 말씀에는 순종하라. 한 연세 있으신 메노나이트 목사님은 이렇게 말씀하셨다. "어떤 말씀을 이해하지 못하겠거든, 가난한 자를 먹이고 모든 사람을 사랑하라는 등의 먼저 분명한 말씀에 순종하십시오. 이렇게 함으로써 나머지 말씀을 이해하는데 도움을 받을 것입니다."
4. 성경이 쓰인 시대의 역사와 문화에 대해 알아보라
5. 다른 사람들에게 물어보라. 공동체 안에서 함께 성경을 공부하는 것은 모든 사람에게 좋은 배움의 기회가 된다.
6. 기도하라. 예수께서는 성령께서 우리를 진리 가운데로 인도하실 것이라고 약속하셨다.(요16:13)

성경은 최고의 권위를 가지고 있다. 위의 모든 견해는 성경에 대한 우리의 관점에 달려있다. 아나뱁티스트를 포함해 대부분의 기독교 교단은 성경이 가장 큰 권위를 가지고 있다고 확정한다. 딤후3:6; 출20:1; 벧전1:21 성경은 하나님에 의해 영감을 받았고, 우리의 믿음과 삶을 위해 온전히 신뢰할만하다. 잠30:5 그러나 많은 다른 교단들보다 더 아나뱁티스트들은 성경이 "그리스도 중심적으로" 해석되어야 한다고 강조한다. 즉, 우리는 예수 그리스도가 하나님 자신과 우리를 향한 하나님의 궁극적 뜻을 가장 명확하게 보여주는 모습이라고 믿는다. 히1:1-3, 요1:4,18 그래서 성경이 어떤 주제에 대해 다른 메시지를 줄 때전쟁 같은, 우리는 예수가 말씀하신 것을 먼저 보고 그 빛 아래에서 다른 것들을 해석한다.

미래는 어떻게 될 것인가?

십 년 후 교회가 어떤 모습일 것인가는 누구든 추측할 수 있지만, 마지막 때에 교회와 세상에 무슨 일이 일어날지에 대해 우리에게 몇 가지 그림을 제공해 주는 것은 바로 성경이다. 예수는 그가 승리가운데 다시 오실 것을 약속하셨다. 바울과 다른 신약 저자들은, 신자들은 이 사건을 위해 준비되어야 한다는 초대 교회의 확신을 분명히 보여주고 있다. 그리스도께서 다시 오실 때 하나님은 세상의 모든 것들을 올바르게 되돌리실 것이다. 이것이 하나님의 이야기와 우리의 이야기의 위대한 결말이다. 여기 성경이 말하는 몇 가지를 나열해 보겠다.

하나님의 통치는 이미 시작되었다. 예수가 그의 사역을 시작했을 때, 그의

미셸: 십 년 후의 교회의 모습은 어떨 것 같아요?
타라: 율법과 규율은 그다지 신경 쓰지 않겠죠
루크: 하지만, 소망하기는 예수의 사랑만이 우리를 사로잡아 우리를 통해 모든 사람이 예수께로 나오고 아무도 높은 기준 때문에 돌아가버리지 않기를 바랍니다.
타라: 의무가 되지 않을 높은 기준이라…?
루크: 네 그래요. 은혜와 거룩을 말하는 것이지요.

주요 메시지는 "하나님의 나라가 가까이 왔으니 회개하고 복음을 믿으라"막1:15는 말씀이었다. 그의 가르침에서 예수는 하나님의 통치가 여기, 우리가운데 있다는 것을 강조했다.눅17:20-21 기독교의 역설 중 하나는 역사의 종국에 하나님의 통치가 온전히 실현될 것이지만 또한 그것은 이미 여기에 있다는 것이다. 한 신학자의 말처럼, 하나님의 통치는 "이미" 임했으나 동시에 "아직" 온전히 임하지 않았다.

예수는 세상에 다시 오실 것이다. 예수는 그의 재림을 자주 언급했다.마24-25장; 막 13장; 요14-17장 그리고 천사는 예수가 하늘에 오르실 때 이 사실을 확인했다.행1:11 예수가 다시 오실 때 이 사건은 작은 아이로 오셨던, 몇몇 사람만 알아보았던 첫 번째 성육신 사건과는 다를 것이다. 예수는 능력과 영광 가운데 오실 것이다.행1:11, 마24:30, 단7:9-14를 보라

군사적 능력이 아닌 진리와 정의가 승리를 가져올 것이다. 요한 계시록은 악과 사탄에 대항하는 마지막 전쟁을 그린다.계19:11-16 그러나 이 책의 다른 많은 것들과 마찬가지로 이 전쟁은 상징적이다. 예수는 "하나님의 말씀"으로 나타난다. 그리고 그가 가진 유일한 무기는 그의 입으로부터 나오는 날카로운 칼이다. 이것은 하나님의 말씀을 상징한다.엡6:17 능력의 말씀으로 세상을 창조하신 하나님이 다시 오셔서 역시 같은 도구를 가지고 질서와 정의를 회복하실 것이다. 의로운 자들은 영원한 생명으로 축복받을 것이며 악인들은 심판을 받을 것이다. 요5:28-29; 계 21:1-8

또 내가 새 하늘과 새 땅을 보니 처음 하늘과 처음 땅이 없어졌고 바다도 다시 있지 않더라 또 내가 보매 거룩한 성 새 예루살렘이 하나님께로부터 하늘에서 내려오니 …….
내가 들으니 보좌에서 큰 음성이 나서 이르되 보라 하나님의 장막이 사람들과 함께 있으매 하나님이 그들과 함께 계시리니 그들은 하나님의 백성이 되고 하나님은 친히 그들과 함께 계셔서 모든 눈물을 그 눈에서 닦아 주시니 다시는 사망이 없고 애통하는 것이나 곡하는 것이나 아픈 것이 다시 있지 아니하리니 처음 것들이 다 지나갔음이러라
보좌에 앉으신 이가 이르시되 보라 내가 만물을 새롭게 하노라 하시고 또 이르시되 이 말은 신실하고 참되니 기록하라 하시고
– 계21:1-5

악은 패배할 것인데 그것은 오직 비폭력과 하나님에 대한 온전한 순종을 통해 이뤄질 것이다. 계시록은 용에 대해 말하는데 이는 악을 상징한다. "또 우리 형제들이 어린양의 피와 자기들이 증언하는 말씀으로써 그용를 이겼으니 그들은 죽기까지 자기들의 생명을 아끼지 아니하였도다."계12:11 이 말씀은 어떻게 예수의 죽음과 부활이 여전히 하나님이 악을 물리치시는데 중심적 역할을 하는지에 대한 강력한 그림을 우리에게 제시한다. 그러나 이제는 예수의 추종자들 또한 자신들의 삶을 포기함으로써 이 승리에 동참한다.

예수는 종종 계시록에서 죽임 당한 비폭력적인 양으로 그려지는데 이러한 그의 모습은 1세기 핍박 받는 그리스도인을 위한 모델과 용기가 되었다. 오늘날과 같이 심각한 악을 직면하는 두려운 시대를 살아가면서 우리가 무엇을 해야 할 지 모를 때에도 우리는 "양이 가는 곳 어디든 따른다."계14:4 성령의 능력을 통해 예수가 사셨던 대로 우리도 살아간다.

낯설고도 놀라운 책

요한계시록은 우리에게 하나의 이야기가 끝날 수 있는 방식에 대해 일련의 신비스러운 그림들을 제공해준다. 몇 가지를 말해보자면, 우리는 하나님을 찬양하는 흰옷을 입은 무리들과 이상한 생물들에 둘러싸여 있는 한 보좌계4장를 보게 되고, 양이 짐승들과 용들을 무찌르는 것을 보게 되며(계12-14장), 눈부신 정육면체 모양의 도시가 하늘에서 내려오는 것을 보게 된다(계21장). 이 모든 것들은 사진이라기 보다는 한 편의 추상화와 같이 느껴진다.

역사 속의 그리스도인들이 요한계시록을 종말의 시대에 일어날 사건들을 보여주는 지침서로서 사용하고자 했던 반면, 요한계시록의 언어들은 우리에게 앞으로 일어날 일들을 정확하게 알려준다기 보다는 마치 거친 붓 터치로 칠해놓은 그림처럼 우리가 감정을 느낄 수 있도록 도와주기 위한 것들이다. 우리는 성경의 이러한 이상한 결말이 AD90년에서 100년 사이 모진 박해를 받던 그리스도인들을 격려하기 위해 쓰여진 것이라는 점을 기억해야 한다. 그 당시 믿는 자들에게는 이 세상의 악한 권세가 승리한 듯 보이고 영원할 듯 보일 때에라도 하나님은 단번에 그들을 끝내실 것이라는 확신이 필요했다. 우리 믿음의 선조들을 위한, 그리고 지금 우리를 위한 요한계시록의 동일한 주된 메시지는 예수를 따르고 믿음 위에 굳게 서면 주께서 모든 것들을 이루실 것이라는 것이다.

교회는 다가올 시대의 사랑과 평화를 기대하며 지금 이 땅에서 하나님이 통치하시는 정의와 평화를 살아내도록 부름 받았다. 우리는 이 땅에서는 모든 것이 완벽하지 않으며 죄가 이 세상 가운데 강력한 힘을 발휘하고 있다는 것을 알고 있다. 그러나 하나님의 백성은 예수의 능력을 통해 지금 이 땅에서 하나님 나라의 가치를 살아내는 방식의 삶을 시작할 수 있다.마5-7장 교회는 하나님나라와 똑같지는 않다. 그뿐 아니라 우리 자신의 힘으로는 하나님나라의 온전한 모습을 임

타라: 어? 이게 다인가?

매리: 이야기 여행을 다 한 것 같은데, 이젠 뭐하죠?

루크: 이야기는 끝나지 않았어요. 아직도 계속되고 있지요, 우리 삶을 통해…

마이크: 그건 어떤 면에서는 이스라엘 사람들이 홍해를 건넌 것보다 더 믿기 힘든 일이에요.

루크: 왜죠?

마이크: 그냥 그것이 무엇이든 하나님이 지금 하고 계신 일을 정말 계속해서 해나가기 원하신다는 게 잘 상상이 안돼요.

미셸: 하나님의 나라를 만들어나가는 것 말이에요?

마이크: 무엇이든 말이에요…. 그것도 나 같이 평범한 사람을 통해서…

로젤라: 하지만, 그게 바로 하나님이 원하시는 것이지요.

메리: 마이크 씨가 무슨 말씀을 하시는 건지 알 것 같아요. 저도 그게 사실인 건 알지만 이해하긴 어렵거든요.

조쉬: 하나님이 하시는 일에 꼭 동참할 필요는 없어요. 그건 우리의 선택이에요.

마이크: 맞아요. 그리고 한편으로 이건 불합리해요. 눈에 보이지 않는 어떤 것을 믿고 이 눈에 보이지 않는 어떤 것 때문에 세상과 는 다르게 살아야 한다니요!

메리: 그냥 하나님이라고 말 하시죠!

마이크: 전 다만 더 실제적이려고 하는 거에요. 한편으로 하나님은 사람들에게 정말 많은 것을 요구하세요.

루크: 그러나 다른 대안이 있나요? 주변을 둘러보세요. 당신이 모든 것을 가지고 있다고 해도, 당신이 만지고 보는 것, 그것이 삶에 존재하는 모든 것일까요? 그것이 실제로 당신을 만족시킬까요? 당신에 대해 잘 모르지만, 나는 더 원할 것 같아요. 여기서 보는 것 이상으로 원하고, 돈으로 살수 있는 것 이상을 원할 것 같아요.

로젤라: 여기 내가 원하는 걸 말해 볼께요. 나는 매일 매일 다른 누구보다도 나를 사랑하는 사람과 살고 싶어요. 바로 예수이죠. 다른 모든 것을 제쳐 두세요. 우리는 우리가 그럴 가치가 있는지에 상관없이 사랑받고 있어요.

미셸: 그것이 진정한 기쁨인가요?

로젤라: 그것이 진정한 기쁨이에요. 당신이 고통 받고 있을 때에도, 당신이 사랑하는 사람이 죽어도 말이죠. 왜 그러냐 하면 우리를 그리스도의 사랑에서 끊을 것이 없기 때문이에요.

마이크: 그래요. 누가 그런걸 원치 않겠어요

하게 할 수도 없다. 그러나 우리는 그 나라의 증인들이다.

신자들은 준비되어 있어야 한다. 예수는 우리가 기대했던 것보다 일찍 오실 수도마24:45-51, 늦게 오실 수도 있다.마25:1-31 예수는 우리가 그 날과 시간을 알 수 없다고 분명히 말씀하셨다. 하지만, 우리가 이 날을 모른다고 해서 걱정할 필요는 없다. 왜냐하면 우리는 준비되어 있기 위해 무엇을 해야 할지 알기 때문이다. 우리는 하나님이 우리에게 주신 은사들을 사용하고 도움이 필요한 사람들을 돌보면서 신실한 순종으로 예수를 따르고 섬기는 가운데 주님의 오심을 준비한다.마25:14-30

마지막 때에 대하여 성경이 말하는 요점은 하나님이 궁극적으로 승리하신다는 것이다. 예수가 그리스도라는 베드로의 고백에 따라 예수는 "내가 이 반석 위에 내 교회를 세우리니 음부의 권세가 이기지 못하리라"마16:18라고 말했다. 하나님은 메노나이트 교회든 더 큰 교회들이든 교회를 포기하지 않으실 것이다. 예수를 따르는 것이 희생과 고난을 의미한다고 할지라도 우리가 기꺼이 그분을 따를 때, 하나님은 우리를 통해 자신의 통치를 이루실 것이다. 이 길을 갈 때에 우리는 우리가 올바른 일을 하고 있다는 사실을 아는 데서 오는 기쁨, 우리 삶이 의미가 있다는 기쁨 그리고 우리를 가장 사랑하시는 그분과의 관계에서 오는 기쁨을 맛볼 수 있을 것이다.

이야기는 계속된다

예수가 내일 오시든 천년 후에 오시든 우리는 오늘 이 이야기 속에서 살고 있다. 놀랍지 않은가? 아브라함과 사라, 열두 제자, 마리아와 마르다, 바울, 리디아, 디모데, 도르가, 그리고 역사를 살아온 셀 수 없이 많은 신실한 그리스도인들의 이야기가 만약 우리가 그것을 선택하기만 한다면 또한 우리의 이야기가 된다.

우리가 만약 이 이야기를 우리의 이야기로 선택한다면 모든 것은 바뀐다. 우리는 이 세상에 우리가 볼 수 있고 만질 수 있는 것보다 더 많은 것이 있으며 진정한 기쁨은 돈이나 명성에서 오는 것이 아니라 우리 삶을 향하신 하나님의 계획에 예라고 대답하는 것으로부터 오는 것이라고 믿기로 했다. 우리는 하나님의 이야기에 의해 형성된 다른 실재를 보기로 선택했다. 우리는 예수를 선택했고, 하나님은 우리가 태어나기 오래 전 이미 우리를 택하셨다.

우리가 예수께 예라고 말할 때, 죄의 권세는 무너진다. 우리의 관계는 회복된다. 우리는 새로운 정체성을 갖는다. 우리는 자유하다. 우리는 변화된다. 그리고 우리는 사랑 안에서 반응하고 감사한다. 우리의 영적 훈련과 타인에 대한 봉사는 '우리가 누구인가' 하는 정체성으로부터 자연스럽게 흘러온다. 우리는 우리가 하는 것이나 우리가 버는 돈의 양에 의해서가 아니라 그리스도 안에서 내가 누구인가에 의해 삶의 의미와 목적과 기쁨을 발견한다.

이 여정은 계속 진행형이며 오르락 내리락 하는 기복과 대답보다는 질문으로 가득 찰 지도 모른다. 그러나 우리는 혼자 여행하는 사람들이 아니다. 우리는 그리스도안에서 많은 형제와 자매들을 가지고 있다. 성령은 우리의 호흡만큼 우리 가까이 계시다. 우리는 모든 능력을 가지셨음에도 작은 아기로 우리에게 오신 거룩하시며 자비하신 하나님을 사랑하고 섬긴다. 우리는 우주의 창조자와 말하고 걷는다. 이 여정, 이 구원은 완전히 공짜이며 동시에 우리에게 모든 것을 요구한다. 매우 어렵지만 가장 놀라운 여정이다.

그러나 이 여정은 우리의 선택을 기다린다. 우리 모두는 살아가면서 가장 기본적인 두 이야기와 마주하게 된다. 세상은 "너 자신을 위해 살라"고 말한다. 예수는 "아무든지 나를 따라오려거든 자기를 부인하고 날마다 제 십자가를 지고 나를 따를 것이니라. 누구든지 제 목숨을 구원하고자 하면 잃을 것이요 누구든지 나를 위하여 제 목숨을 잃으면 구원하리라. 사람이 만일 온 천하를 얻고도 자기를 잃든지 빼앗기든지 하면 무엇이 유익하리요?"눅9:23-25라고 우리에게 말씀하신다.

당신은 어떤 이야기를 따르겠는가? 세상이 제시하는 방법을 따르겠는가? 아니면 예수 안에서 보여진 하나님의 길을 따르겠는가? 당신의 삶은 어떠한 이야기에든 속하게 될 것이고 어떠한 여정이든 떠나게 될 것이다. 그러나 그것은 어떠한 이야기, 어떠한 여정이 될 것인가? 당신이 이 질문에 대해 어떻게 결정하는가가 당신 삶의 모든 것에 영향을 미칠 것이다.

하나님의 이야기는 당신의 이야기가 되기를 기다리고 있다.

당신의 대답은 무엇인가?

영성 훈련을 위한 과제

당신 인생의 타임라인을 그려보라. 상징기호를 만들고 그것들이 의미하는 바를 설명하는 범례를 만들라. 예를 들어, 선이 아래로 향한다면 이것은 당신 인생에서 좀 더 힘든 시간을 의미할 수 있다. 또한 새롭게 시작되는 선은 인생의 전환점을, 들쭉날쭉하고 뾰족한 선은 스트레스를 의미할 수 있다. 가능하다면 당신 인생에 있었던 주요한 사건들의 날짜를 기록해보라. 이렇게 하면 선으로 표현한 당신의 인생역사가 완성된다. 이제 조용한 시간을 가지며 하나님이 당신에게 하시는 말씀을 들어보라. 각각의 사건들에 대해 하나님께 이야기 해보라. 당신은 하나님께 감사를 올려드릴 수도 있고 평강과 평안을 구할 수도 있을 것이며 하나님이 늘 당신 삶에 임재하시도록 간구할 수도 있을 것이다.

메노나이트 신앙고백 요약문

1. 우리는 하나님의 존재를 믿으며 하나님은 믿음으로 나아오는 모든이를 기뻐하신다는 것을 믿습니다. 우리는 거룩하며 사랑이신 하나님, 성부 성자 성령이신 하나님을 영원토록 예배합니다. 우리는 하나님이 보이는 것은 물론 보이지 않는 모든 것을 창조하셨으며, 예수 그리스도를 통해 사람에게 구원과 새생명을 주셨고 세상 끝 날까지 교회와 모든 창조물을 지켜 나가신다는 것을 믿습니다.

2. 우리는 하나님의 말씀이신 예수 그리스도의 성육신을 믿습니다. 예수 그리스도는 자기 자신을 낮추시고 십자가의 죽음에 복종해서 죄의 종에서 우리를 인도하시어 하나님과 화목케 한 구세주이십니다. 예수 그리스도는 죽음에서 부활하신 능력으로 하나님의 아들로 인정받으셨습니다. 예수 그리스도는 교회의 머리이시고 영화로운 죽임당한 어린 양이시며 하나님과 함께 통치하시러 영광중에 다시 오실 주님이십니다.

3. 우리는 성령을 믿습니다. 성령께서는 그리스도와 함께 계셨고 교회에 권능을 부여하셨으며, 예수 그리스도 안에 있는 우리 삶의 원천이십니다. 우리는 우리의 구원뿐 아니라 창조물의 구속까지 보증하시는 모든 사람에게 부어진 하나님의 영원하신 성령을 믿습니다.

4. 우리는 성서의 모든 말씀이 구원을 가르치고 의의 훈련을 위하여 하나님이

성령으로 감동을 주셔서 기록한 것임을 믿습니다. 우리는 그리스도인의 신앙생활을 위해 온전히 믿고 신뢰할 수 있는 하나님의 말씀으로 받아들입니다. 우리가 교회에서 성령의 인도함을 받을 때, 예수 그리스도와 더불어 성서를 이해하고 해석할 수 있습니다.

5. 우리는 하나님이 하늘과 땅과 그안의 모든 만물을 창조하셨고 모든 피조물을 보존하고 새롭게 하심을 믿습니다. 모든 만물의 근원은 궁극적으로 창조주에 속해있습니다. 하나님은 선하시고 모든 필요를 채우는 분이시므로 세상을 선하게 창조하셨습니다.

6. 우리는 인간이 하나님의 형상으로 창조되었다고 믿습니다. 하나님은 흙으로 인간을 지으시고 모든 창조물 중에 특별한 존엄을 주셨습니다. 인간은 하나님과 교제하려면 인간끼리 평화롭게 살며 다른 피조물들을 보호할 책임이 있습니다.

7. 우리는 인간이 아담과 이브 때부터 하나님께 불순종해왔으며, 사탄을 받아들이고 죄를 선택해 왔었다는 것을 고백합니다. 모든 인간은 죄 때문에 창조주의 뜻에서 벗어났으며 자신이 닮은 하나님의 형상을 훼손했고, 세상의 질서를 혼란시켰으며, 다른 사람을 사랑하는 것에 제한을 두어 왔습니다. 인간은 죄 때문에 악마와 죽음이 사로잡는 세력에게 넘겨져 왔습니다.

8. 우리는 하나님이 예수 그리스도의 삶과 죽음, 부활을 통해 모든 사람을 죄에서 구원하시고 새로운 길을 제공하신다는 것을 믿습니다. 우리가 죄를 고백하고 예수 그리스도를 주인으로 받아들일 때, 하나님이 우리를 구원하십니

다. 우리는 그리스도 안에서 하나님과 화해하였고 화해한 사람들의 공동체로 인도되었습니다. 우리는 예수 그리스도를 부활케하신 능력으로 구원되어 그리스도를 따르고 완전한 구원을 깨닫게 하시는 하나님을 믿는 믿음을 갖습니다.

9. 우리는 교회가 예수 그리스도를 믿는 믿음으로 하나님의 구원을 받은 사람들의 모임임을 믿습니다. 교회는 하나님의 통치를 선포하고 교회가 지닌 영광의 소망을 미리 사는, 세상에 보냄받은 제자들의 새공동체입니다. 교회는 성령이 세우고 일하시는 새로운 사회입니다.

10. 우리는 교회가 하나님이 다스리는 나라임을 선포하고 하나님나라의 표시로 부름받았음을 믿습니다. 그리스도께서는 교회가 그의 증인이 되고 모든 족속을 제자 삼아 침례를 주고 그가 가르친 모든 것을 가르쳐 지키게 하라고 명령하셨습니다.

11. 우리는 물침례가 죄에서 정결함을 받은 신자의 표시라고 믿습니다. 침례는 신자가 성령의 능력으로 그리스도께서 걸으신 길을 걷고자 교회 앞에서 하나님과 맺은 언약입니다. 신자는 성령과 물과 피로 그리스도와 그의 몸에 합하여 침례를 받습니다.

12. 우리는 주의만찬이 그리스도의 죽음으로 확정된 새언약을 교회가 감사하여 기념하는 하나의 표시라고 믿습니다. 교회는 주의만찬을 통해 하나님과 사람이 맺은 언약을 새롭게 하며 예수 그리스도가 다시 오실 때까지 그분의 삶과 죽음에 동참하는 것입니다.

13. 우리는 예수 그리스도께서 사랑으로 제자들의 발을 씻긴 것처럼, 우리도 서로 섬기도록 부르셨다는 것을 믿습니다. 따라서 우리는 자주 정결해야하며 우리의 자존심과 세속적인 힘을 기꺼이 내려놓고 우리의 삶을 겸손한 섬김과 희생적인 사랑에 헌신해야 한다는 것을 받아들입니다.

14. 우리는 교회에서 규율을 지키는 것이 하나님이 주신 은총으로 들어가는 표시라고 믿습니다. 규율은 죄를 지은 형제자매를 자유케하고 하나님과 관계가 바로서게 하며, 신자 간의 교제를 회복시킵니다. 또한, 규율은 세상 속에서 증인 된 교회를 더 온전케하고 복음의 메시지를 신뢰할 수 있게 돕습니다.

15. 우리는 교회의 사역이 모든 신자가 각자가 받음 은사를 가지고 성령 안에서 예수 그리스도의 사역인 교회와 세상에서의 섬김의 직분을 계속 감당하는 것이라고 믿습니다. 또한, 하나님이 교회에서 특정인을 특별한 사역과 직분으로 부르신다는 것을 믿습니다. 직분을 맡은 모든 신자들은 하나님과 믿음의 공동체에 책임이있습니다.

16. 우리는 예수 그리스도의 교회가 하나님이 거하시는 영적인 장소로 신자들에 의해 함께 세워지고 한 분의 성령을 통해 질서가 잡힌 많은 지체들과 한 몸이라는 것을 믿습니다.

17. 우리는 예수 그리스도께서 우리를 부르신 것은 자기 십자가를 지고 예수를 따르라고 부르신 것을 믿습니다. 우리는 하나님의 은혜로 주신 구원으로 그

리스도의 제자가 되었으며 예수의 영으로 채워져서 새로운 삶에 대한 고난을 통해 예수의 가르침과 그가 가신 길을 따를 권한을 부여받았습니다. 우리가 믿음으로 그리스도의 길을 따를 때, 그의 형상으로 변화합니다. 우리는 하나님의 뜻에 충실하신 그리스도를 따르고 세상의 악과 분리됩니다.

18. 우리는 그리스도의 제자는 성령과 함께하는 삶을 알아가는 것이라고 믿습니다. 우리 안에서 예수 그리스도의 삶과 죽음, 부활이 모습을 형성될 때, 비로서 그리스도의 형상과 하나님과의 관계에서 자라게 됩니다. 성령께서는 우리가 각자 혹은 연합하는 예배 가운데 활동하시고, 하나님을 아는 체험으로 더 깊이 이끄십니다.

19. 우리는 하나님이 인간의 삶이 가정에서 출발하게 하시고 가정을 통해 복을 주기 원하신다는 것을 믿습니다. 하나님은 모든 사람이 하나님의 가족인 교회의 일부가 되기를 원하십니다. 독신자나 기혼자의 교회 가족이 서로 양육과 치유를 통해 그리스도인의 가족 관계는 하나님이 의도하는 완전한 방향으로 자라게 됩니다. 우리는 순결함과 사랑으로 참되고 충실한 믿음으로 결혼 생활을 하라고 부름 받았습니다.

20. 우리는 자신이 진실을 말하고 단순히 '예' 또는 '아니오' 라고 답하며 맹세의 서약을 하지 않겠다고 다짐합니다.

21. 우리는 하나님이 맡겨주신 모든 것을 충성된 청지기의 삶으로 감당하며, 하나님이 약속하신 쉼과 정의에 교회가 지금 참여하도록 부르시는 하나님께 모든 것이 속했다고 믿습니다.

22. 우리는 평화가 하나님의 의지라고 믿습니다. 하나님은 세상을 평화롭게 창조하셨으며, 하나님의 평화는 곧 우리의 평화이며, 온 세상의 평화이신 예수 그리스도로 가장 완전하게 드러났습니다. 우리는 폭력이나 전쟁에 직면해도 성령의 인도하심으로 평화, 정의, 화해, 무저항을 실천하신 그리스도의 길을 따릅니다.

23. 우리는 교회가 그리스도께 완전하게 충성하고, 하나님의 구원하시는 사랑을 모든 민족, 정부, 사회에 증거하기 위해 부름받은 하나님의 '거룩한 나라' 임을 믿습니다.

24. 우리는 승천하신 예수 그리스도께서 산자와 죽은 자를 심판하려 영광 중에 오시는 그날에 펼쳐질 하나님의 통치와 성취에 소망을 둡니다. 그리스도께서 미래의 하나님 왕국의 모형을 따라 이미 하나님의 통치 안에 있는 하나님의 교회를 모을 것입니다. 우리는 선악 간에 분투하는 이 시대의 종말에, 죽은 자의 부활에, 그리고 새 하늘과 새 땅으로 변화될 때 하나님이 최후에 승리하실 것을 믿습니다. 그곳에서 하나님의 사람은 그리스도와 함께 정의와 의와 평화로 영원토록 다스릴 것입니다.

더 읽을 거리

메노나이트 정체성과 사상

Claim(ing) Faith: Youth Discover the Confession of Faith Harrisonburg, VA, and Waterloo, ON: MennoniteMedia 2013. 젊은이들에게 "메노나이트 관점에서의 신앙 고백서(Confession of Faith in a Mennonite Perspective)"를 소개하기 위해 계획된 책. 여러 활동들과 토론을 위한 안내등이 포함되어 있다.

Confession of Faith in a Mennonite Perspective. Scottdale, Pa.: Herald Press, 1995. Mennonite Church USA 와 Mennonite Church in Canada 에 의해 사용된 이 신앙고백은 아나뱁티스트 신학에 대해 간단명료한 개관을 제공해준다. 『하나님의 이야기, 우리의 이야기』는 기독교 신앙에 관한 이러한 이해에 기초하고 있으며 신앙고백의 항목들을 요약하여 포함시키고 있다

스튜어트 머레이 『이것이 아나뱁티스트다』. 대장간 역간(강현아 옮김). 본질적 신앙의 삶을 살기 위한 비전을 그리고 있는 책

_____. 『아나뱁티스트 성서해석학』, 대장간 역간(문선주 옮김), 성서의 그리스도 중심적 성격을 확증하고, 성령을 적극적으로 의지하며, 단호하게 제자도를 지향하는 공동체적 해석학의 현대적인 등장을 가능하게 하는 성서해석학 가이드.

Nolt, Steve. *Through Fire and Water: An Overview of Mennonite History*, rev. ed. Scottdale, PA, and Waterloo, ON: Herald Press, 2010. 고등학생 독자 수준에 맞춘 아나뱁티스트 역사책. 전체 교회사적 범위 안에서 이야기를 제시한다.

『불 속에서 건진 믿음』*The Radicals*. 1999. 초기 아나뱁티스트들의 드라마틱한 이야기들을 DVD에 담았다. 믿음의 이야기에서 역사적인 한 챕터를 장식한 그들

의 헌신을 그리고 있다.

Roth, John. *Beliefs: Mennonite Faith and Practice*. Scottdale, PA, and Waterloo, ON: Herald Press, 2004. 메노나이트 교회에서 믿음과 신앙훈련이 갖는 의미를 읽기 쉽게 풀어 설명해 주는 책.

_____. *Practices: Mennonite Worship and Witness*. Scottdale, PA, and Waterloo, ON: Herald Press, 2009. 메노나이트의 예배와 메노나이트 내에서 행해지는 실천들을 살펴본다.

_____. *Stories: How Mennonites Came to Be*. Scottdale, PA, and Waterloo, ON: Herald Press, 2006. 흥미로운 메노나이트 이야기.

Snyder, C. Arnold. *Anabatist History and Theology: An Introduction*. Kitchener, ON: Pandora Press, 1995. 아나뱁티스트 역사에 관한 훌륭한 자료.

Who are the Mennonites? Harrisonburg, VA: Third Way Media, 2010. 메노나이트 역사, 신앙과 실천들을 이해하기 쉬운 방식으로 탐구한 DVD.

코넬리우스 딕, 『아나뱁티스트 역사』, 대장간 역간(김복기 옮김), 16세기부터 현대에 이르기까지 메노나이트를 중심으로 한 아나뱁티스트 역사를 다룬다. 아나뱁티스트 역사적 이해에 대한 방대한 역사 자료.

예수의 가르침과 삶

Blosser, Don, Timothy J. Dailey, Randy Peterson, and Dietrich Gruen. *Jesus: His Life and Times*. Lincolnwood, Ill.: Publications International, 1999. 그리스도의 생애를 간단하게 요약해 놓은 책으로서 쉽게 읽힌다. 이 책은 또한 예수의 삶을 성경 전체 하나님의 백성들의 이야기와, 독자들에게 예수가 살았던 시대의 문화와 역사에 대해 좋은 배경지식을 제공해준다.

도널드 크레이빌. 『예수가 바라본 하나님나라』, 복있는 사람 역간. 그리스도인의 삶의 모든 영역과 평화에 대해 다루는 훌륭한 책.

필립 얀시. 『내가 알지 못했던 예수』, IVP 역간, 예수시대의 문화에 대해 배울 수 있는 좋은 책. 얀시는 또한 이 책에서 산상수훈을 예로 들어 해석의 문제를 다룬다.

존 하워드 요더. 『예수의 정치학』. IVP 역간, 학문적 목적을 가지고 읽기에도 훌륭한 책이지만 구약의 희년에 관한 개념들을 이해하는 데에도 더할 나위 없이 좋은 책이다.

_____. 『근원적 혁명』. 대장간 역간(김복기 전남식 옮김), 예수의 삶에 있어서 평화가 차지하는 비중을 알고 왜 기독교가 평화를 따라야 하는지 알려준다. 예수가 전한 하나님나라의 복음이 왜 혁명적인지 다룬다.

영성훈련과 그리스도인의 삶

The 24/7 Experience: A DVD Curriculum on Following Jesus Every Day. Grand Rapids, MI: Zondervan, 2006. 세상을 변화시키는 예수의 추종자들을 만나기 위해 미국의 각지를 여행하는 젊은이들에 관한 기록. 토론을 위한 질문들도 함께 싣고 있다.

Augsburger, David W. *Helping People Forgive*. Louisville, KY: Westminster John Knox Press, 1996. 성경적 용서와 그것을 어떻게 우리 삶 속에 적용할 것인가에 대한 훌륭한 자료.

Bass, Dorothy, and Don Richter, eds. *Way to Live: Christian Practices for Teens*. Nashville, TN: The Upper Room, 2002. 이 책의 각각의 장들은 한 명의 성인과 한 명의 청소년에 의해 쓰여졌다. 이 책은 믿음을 행동으로 구체화하도록 돕는 매일매일을 위한 영성 훈련을 제공한다.

Boers, Arthur. *Day by Day These Things We Pray: Uncovering Ancient Rhythms of Prayer*. Scottdale, PA, and Waterloo, ON: Herald Press,

2010. 이 책은 우리로 하여금 거룩한 기도의 실천을 되찾고 하나님과의 관계 가운데 자라가도록 촉구한다.

Breeze, Cindy Massanari. *Dive: Devotions for Deeper Living.* Harrisonburg, VA, and Waterloo, ON: Herald Press, 2012. 말씀과 기도에 기초한 청소년을 위한 묵상집.

Foster, Richard J. *Celebration of Discipline: The Path to Spritual Growth* . San Francisco: HarperSanFrancisco, 1988. 포스터는 이 책에서 그리스도인의 훈련에 대해 간단하지만 부족함 없이 요약해 주고 있다.

Hershberger, Michele. *A Christian View of Hospitality: Expecting Surprise.* Scottdale, Pa.: Herald Press, 1999. 궁극적으로 환대는 우리가 베푸는 어떤 행위가 아니다. 그것은 우리 자신이다. 그리고 이 진실은 모든 훈련에 적용된다.

McKnight, Scott, Chris Folmsbee, and Sylar Thomas. *The Jesus Creed for Students: Loving God, Loving Others.* Brewster, MA: Paraclete Press, 2011. 하나님 사랑 이웃 사랑의 진정한 의미를 탐구해 본다.

Thompson, Marjorie J. *Soul Feast: An Invitation to the Christian Spiritual Life.* Louisville, KY: Westminster John Knox Press, 1995. 독자들로 하여금 하나님의 축복을 강요하는 것과 율법주의의 유혹을 잘 극복하도록 도와주는 훌륭한 책.

White, Julie Ellison. *Tent of Meeting: A 25-Day Adventure with God.* Scottdale, PA, and Waterloo, ON: Faith and Life Resources, 2004. 영성 훈련들을 통해 청소년들이 영적으로 자라가도록 도와주는 저널.

Yaconelli, Mark. *Downtime: Helping Teenagers Pray.* Grand Rapids, MI: Zondervan, 2008. 청소년들의 기도생활을 안내해 주는데 도움이 되는 도구들을 제공해준다. 기도 연습문들을 싣고 있으며 좀 더 고전적인 혹은 현대적인 형태의 기도들을 탐구해 볼 수 있다.

Yamasaki, April. *Sacred Pauses.* Harrisonburg, VA, and Waterloo, ON:

Herald Press, 2013. 매일의 삶 속에서 하나님이 우리 삶의 중심이 되도록 하는 영적 실천들을 소개한다.

청소년 지도자들을 위한 자료들

Brubacher Kaethler, Andy, and Bob Yoder, eds. *Youth Ministry at a Crossroads: Tending to the Faith Formation of Mennonite Youth*. Harrisonburg, VA, and Waterloo, ON: Herald Press, 2011. 저자는 이 책에서 청소년들에게 믿음을 심어주기 위해 필요한 통찰과 격려를 아낌없이 제공해 주고 있으며 또한 청소년들이 어떠한 상황 속에서 믿음을 갖게 되는지 함께 생각해 본다.

Clark, Chap. *Hurt 2.0: Inside the World of Today's Teenagers*. Grand Rapids, MI: Baker Academic, 2011. 베스트셀러인 원작 *Hurt*의 개정판으로서 더욱 최신의 자료들과 통계들을 싣고 있다. 오늘날의 청소년들이 경험하는 것들과 그들이 마주하는 이슈들을 솔직하게 다루고 있다.

Dean, Kenda Creasy. *Almost Christian: What the Faith of Our Teenagers is Telling the American Church*. New York: Oxford University Press, 2010. 기독교에 대한 젊은이들의 태도와 그들의 신앙의 모습을 탐색해보고 "간접 신앙 "의 필요에 대한 긴박성을 살펴본다.

Powell, Kara, and Chap Clark. *Sticky Faith: Everyday Ideas to Build Lasting Faith in Youth*. Grand Rapids, Mi: Zondervan, 2011. Fuller Youth Institute의 연구결과에 기초하여 젊은이들의 영적 성장을 북돋울 수 있는 방법들을 제시한다. 십대를 위한 교육과정이 DVD와 함께 나와있다.

John D. Roth, 『맛보아 알지어다』, 대장간 역간(정용진 옮김), 부정적인 교육제도가 이슈가 되는 이 시대에 아나뱁티스트라는 기독교 교육의 독특한 정체성이 대안이 될 수 있다고 역설한다. 이 책은 참된 교육이란 세상에 깃든 하나님의 임재를 감지하고, 삶을 예배로 바라보는 습관을 기르며 살아가는 공동체의 전통을 배우고 서로 돌보고 사랑하는 관계를 맺는 것이라는 사실을 알려준다. 로스는 우리에게 교회의 미래와 이 세상에서 증인으로 살아가는 그리스도인의 삶의 본질이 무엇인지 마음을 열고 진지하게 그러나 과감하고 정직하게 대화할 것을 제안한다.

진 하더, 『상처받아 마땅한 아이는 없다』, 대장간 역간(배성민 옮김), 아동 학대와 방임이 없는 공동체를 위한 길을 찾는 교사들에게 필요한 책이다. 교회에서 아이들은 안전한가? 교회에 아동학대예방책이 있는가? 아동학대와 방임의 조짐을 보았는가? 이러한 질문에 공동체로서의 교회는 분명하게 답해야 한다.

코넬리우스 딕 지음, 『그리스도를 따랐던 열두 사람 이야기』, 대장간 역간(김복기 옮김), 16~20세기에 하나님이 원하시는 '그 무엇' 이 되려고 살았던 사람들의 이야기.

마가렛 로우웰 마이어 역음, 『용기있는 믿음의 인물들』, 대장간 역간(김복기 옮김), 청소년에게 들려주는 신앙의 위인 이야기

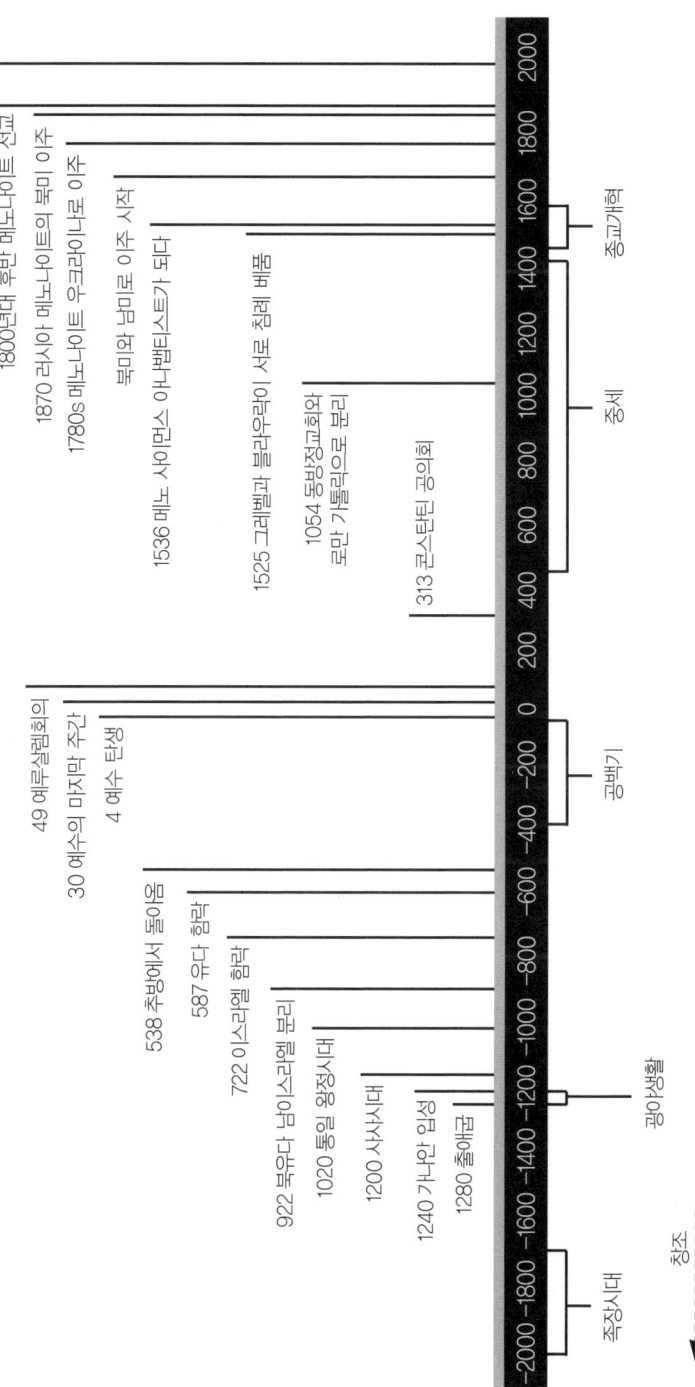